セス・スティーヴンズ＝ダヴィドウィッツ　酒井泰介

直感や思い込みに
惑わされず、
正しく決断する方法

# 人生の一大事は
# データ科学にまかせろ！

DON'T TRUST YOUR GUT

by

Seth Stephens-Davidowitz

ジュリアへ

君を愛するのは誤りだとデータが言うなら、
僕は正しくなんていたくない。

目　次

# 序章　データオタクの自己啓発

あなたはより良い人生を選べる。ビッグデータがその役に立つ。

今日、人生で最も重要な側面の理解をめぐって密かな革命が進んでいる。その推進力はインターネットとそこから生まれる膨大なデータだ。過去数年、学者たちはOKキューピッド（婚活サイト）のメッセージからウィキペディアのプロフィール欄、フェイスブックのフォロワー・ステータスに至るまでの様々なビッグデータをマイニングした。こうした膨大なデータの海から、彼らはおそらく人類史上初めて、本質的な疑問への信頼に足る答えを見つけ出した。たとえば……

▼良き親になるには？

▼見過ごされている金持ちは誰？　どうしてそうなった？

▼セレブになれる見込みは？

▼どうして並はずれてツイている人がいるの？
▼幸せな結婚生活の予兆とは？
▼結局、どうすれば幸せになれるのか？

これらに対するビッグデータの回答はえてして意表を突き、予想外の判断を強いる。要するにデータの山にはより良い判断を下すための知見の原石が埋まっているのだ。

たとえば次の3つは、全く異なる分野について研究者が発掘した知見である。

**例1**　あなたは独身で（男女どちらであれ）、思い通りにデートに漕ぎつけられずにいる。周囲の助言通り自分磨きにも余念がない。服装にも気を使い、歯の美白もやり、美容院にも大枚をはたいた。でもなぜかデートの機会には恵まれない。

ビッグデータがあなたにヒントをくれる。

数学者で著述家のクリスチャン・ラダーは、ＯＫキューピッド上での膨大な求愛行動を研究して、最も数多くデートしている人々の特徴を割り出した。その結果とは、今更ながら、古き良き美男美女である。世界中のブラッド・ピットやナタリー・ポートマンがモテていた。

だがラダーは、驚くほどうまく立ち回っている別の人々にも気が付いた。極端な容姿の人々である。たとえば髪を青く染めたり、ボディアートを施していたり、奇抜な眼鏡をかけていたり、スキンヘッドにしているなどだ。

どうして彼らが成功しているのかって？[1] 多くの人は彼らにことさらに魅力を感じないか洟も引っかけないが、**一部からは熱烈に好かれる**からだ。そしてこれこそデートに漕ぎつけるキモなのである。

デート界でうまくやるには、ラダーが言うように「イエスとノーを山ほど食らい、〝まあまあ〟を最小限にすること」が肝心なのだ。この戦略で70％も多くのメッセージを受けられるようになる。極端な自分を演出すれば、一部の人から熱烈に好かれるのだ。

**例2** 赤ちゃんを授かったばかりだとする。[*] さて、子育て向きの住まいを探さなければならない。やるべきことはわかっている。友人に相談したり、地域についてググったり、何軒か家を見に行ったりだ。ついに、これぞという場所を見つける。家探しにこれ以上の科学なんてないよな、と思う。

ところがいまや、家探しの科学があるのだ。

今ではデジタル化された膨大な納税申告データの分析から、米国人の暮らし向きの変遷がわかっている。たとえば特定の都市、さらにはその中でも**特定の界隈に住めば、暮らし向きが急改善する**のだ。そしてそんな素晴らしい界隈とは、一般にそう思われているところでも、また地価や家賃が最も高いところでもない。現在では、米国の津々浦々について、膨大なデータ分析に基づいた暮らしの質がマッピングされているのだ。

それだけではない。データマイニングによって、最高の子育てエリアやそこに共通する特徴もわかっており、それも一般通念とは異なっている。ビッグデータのおかげで、とうとう子育て向きな場所（規範になる大人がいること）や、その点でどうでもいい場所（ブランド学校の所在地）がわかったのだ。

**例3**　芽が出ないアーティストがいる。専門書も手当たり次第に買いあさった。友人に助言も仰いだ。作品も繰り返し修正した。だがどれも効果なし。いったい何がいけないのだろう、と途方に暮れる。

ビッグデータはありがちな過ちを明らかにしている。

サミュエル・P・フライバーガーは最近、数十万人規模の画家のキャリア軌跡を研究し[2]、どうして成功する人がいる一方で不遇の画家がいるのかを発見した。違いは何かって？　たいていは作品の展示法次第なのだ。芽の出ないアーティストの多くは、えてして限られた場所で作品を繰り返し展示している。逆に**大化け組は、はるかに多様な場所で作品を公開し、成功の糸口をつかんでいる**のだ。

キャリアを拓く上で自己演出の大切さを説く人は多い。だがデータの教えるところ、演出する場の間口を広げることの方が大切だったのだ。

本書は独身者、新米パパやママ、野心的な画家だけのものではない（が、彼らにもさらに様々

＊　Mazel tov!　［訳注／ヘブライ語、イディッシュ語でおめでとう、の意］

な教訓を与える）。私が目指しているのは、新手のビッグデータが与える教訓をあなたに役立ててもらうことだ。人生のいかなる段階にあろうとも、それは変わらない。本書には、より幸せになるには、見目麗しくなるには、出世するには、等々についてビッグデータがもたらす教訓が詰まっている。本書の着想は、ある晩、私に降臨した……野球観戦のさなかに。

## 人生のマネーボール

野球ファンなら嫌でも気づくことがある。今日の野球は30年前とは様変わりした。私が愛するニューヨーク・メッツに声援を送る野球少年だった頃、球団の意思決定は直感頼りだった。バントか盗塁かは監督の気分まかせ、ドラフト選手はスカウトの印象次第で選んでいたのだ。

だが20世紀の後半には、成功のヒントが見え始めていた。子供の頃、私の父は毎年、ビル・ジェームズの新年度版の本を買ってきた。ジェームズは、カンザス州にある豚肉と豆の煮込み《ポーク・アンド・ビーンズ》の缶詰工場の夜警で野球マニアだった。そして彼は、出回り始めたコンピュータとデジタルデータを駆使するという斬新な方法で野球を分析した。ジェームズと彼の仲間たち――セイバーメトリシャンと呼ばれる――がデータ分析を通じて発見したのは、球団が直感頼りで決めていることはたいてい的外れも良いところであることだった。

バントすべき場面は？　はるかに少ない。盗塁すべき時は？　そんなものないに等しい。四球出塁率が高い選手の価値は？　球団の査定よりずっと高い。ドラフト指名すべき選手は？　もっと大学野球の投手を取るべし……。

ジェームズの仕事に惹かれたのは私の父だけではない。元選手の球団幹部ビリー・ビーンも、ビル・ジェームズの大ファンだった。彼はオークランド・アスレチックスのゼネラルマネジャーに就任すると、[3] セイバーメトリクスの理論に従ってチームを運営することにした。

結果は目覚ましかった。映画化もされた書籍『マネー・ボール』で有名になったように、オークランド・アスレチックスは最も低予算な球団の一つでありながら、2002年、2003年と連続してプレーオフに進出。それ以来、野球におけるデータ分析の役割は爆発的に発展した。タンパベイ・レイズは「マネーボール球団オークランド・アスレチックスを凌ぐマネーボール球団」[4]と称されているが、年俸総額が球界で下から3番目の貧乏球団ながら2020年のワールドシリーズに進出した。

さらに、このマネーボール理論とその根底にある強力なデータは、誤った先入観を正し、他にも様々な組織を変革している。たとえば他のスポーツでいえば、NBAのチームは全シュートの軌跡分析への依存を深めている。[5] シュート3億回分を分析してみると、その平均値はおよそ理想のシュートとは言えなかった。NBAの平均的なジャンプ・シューターは、長すぎて失敗するより2倍も多く短すぎてシュートを外している。そしてコーナーからのショットでは、バックボード側よりセンターサークル側にそらす確率が高い。おそらくバックボードに当てることを恐れるあまりだろう。選手たちは今や、こうした情報を活かして意識を改め、シュートの成功率を高めているのだ。
シリコンバレーのＩＴ企業も、マネーボール理論に負うところが大きい。私がかつてデータサイエンティストとして勤めていたグーグルでは、重大な判断を下すにあたって、データを重んじていた。あるデザイナーは、同社がしばしば熟練したデザイナーの感性よりデータを優先・重視することに嫌気が差して辞めてしまった。堪忍袋の緒が切れたのは、Ｇメールへのリンクを最も増やせるのはどの色かと、41種類もの色調の異なる青を試させられたことだった。[6] デザイナーは憤懣やるかたなかったかもしれないが、このデータ実験のおかげでグーグルは広告収入を年間推計で2億ドルも増やした。[7] そしてこの揺るぎないデータ信仰に基づいて、１兆８０００億ドル企業に成長している。元ＣＥＯのエリック・シュミット曰く、「我々は神を信じる。他の事はデータが導いてくれる」。[8]
世界的な数学家でルネッサンス・テクノロジーズの創設者ジェームズ・シモンズは、ウォール街に厳格なデータ分析をもたらした。彼のクオンツ（定量分析を重んじる投資手法）チームは、未曽有の規模でデータをマイニングし、時事と株価の相関性を探った。決算報告の株価への影響は？　食糧不足の影響は？　メディア取材での企業コメントは株価にどう影響する？
ルネッサンスの旗艦ファンドで専らデータ・パターンに従って投資するメダリオンは、設立以来、手数料引き前で年間66％の利回りを達成している。[9] 同時期のＳ＆Ｐ５００平均の利回りは10％だった。Ｓ＆Ｐ５００の騰落実績を有意に上回ることはできないとされる効率的市場仮説論を信奉するケネス・フレンチは、ルネッサンスの成功をこう評している。「どうやら彼らは他の市場参加者より単純に優秀なようだ」[10]

だが私たちはいったい、個人生活の一大事をどう判断すればいいのか？　伴侶の選び方は？　デートに漕ぎつけるには？　何に時間を割く？　その仕事に就くべき？

私たちは2002年のオークランド・アスレチックスとその他の球団のどちらに似ているか？　グーグルか、それとも中小商店のどちらに近いか？　ルネッサンス・テクノロジーズか、それとも旧来のトレーダーか？

敢えて言うが、大半の人は、大半の場合において、しごく大切な決断を直感頼りで下すことが大半だろう。友人や家族や自称人生の導師とやらに相談することはある。根拠薄弱な人生相談にすがることもあるだろう。ごく基本的な統計に目を通すこともあるだろう。そのうえで、正しいと思われる選択をする。

私は野球を観戦しながら考えた。もしデータに基づいて人生の一大事を判断するようになったらどうだろう？　ビリー・ビーンがオークランド・アスレチックスを率いたように個人生活を管理したら？

今ではそれもますます可能になっている。前著『誰もが嘘をついている』（光文社刊）では、インターネットがもたらしたデータがどのように社会と人間性の理解に役立つかを掘り下げた。統計革命はまず球界から始まった。データオタクのファンが要求し、せっせと集めた詳細なデータのおかげだった。今ではスマートフォンとＰＣが集めたデータのおかげで「人生のマネーボール」が可能になっている。

捨て置けない疑問がある――人を幸せにするものは何か？

前世紀には、こんな疑問に真っ向から答えるデータは手に入らなかった。マネーボール革命が起こったのは、セイバーメトリシャンが全試合の詳細なデータから選手の一挙手一投足を分析できるようになったからかもしれない。だが当時、データサイエンティストらは人生の決断とそれがもたらした気分についてのそんなデータは持っていなかった。その頃はまだ、幸福は野球と違い、厳密な定量的分析の対象にはなり得なかったのだ。

今では違う。

ジョージ・マッケロンやスサーナ・モウラートのような優秀な研究者らは、マッピネスと称するｉＰｈｏｎｅを使った幸福度調査[11]の結果、未曽有のビッグデータを生み出した。数万人の被験者を募り、日に何度も彼らのスマホに設問票をプッシュ通知して、何をしているのか、誰と一緒にいるのか、どのくらい幸せか、など簡単な質問をしたのだ。こうして３００万項目以上もの幸福ポイントのビッグデータが生まれた。伝統的な幸福度調査のデータポイントがせいぜい数十項目だったのに比べると桁違いである。

時には刺激的な結果もある。たとえばスポーツファンは**贔屓《ひいき》のチームが勝った時の喜びより負けた時の落胆の方が大きい。**反直感的なこともある。たとえば**飲酒は、社交中より家事をしてい**

**る時の気分をより高揚させる。**意味深な結果もある。**仕事は、友人と力を合わせるのでもなければ、人を惨めにしがち**なのである。

だが結果は常に有意義だ。天気が気分に与える影響に思いを巡らせたことは？　喜びをもたらすという点で最も誤解されている活動とは？　カネが幸福に果たす役割は？　環境は幸せにどれだけ影響する？　マッケロンやモウラート他のおかげで、今やこうした疑問に対する確たる答えがわかっており、これは第8章と9章で扱う。実際、本書は膨大なスマホの着信音から生まれた「幸福の方程式」で結ぼうと思う。いわば「データが教える人生の教訓」である。

こうしてこれまでの4年間、私は野球に触発されて研究生活に没入した。研究者らに話を聞き、学術論文を耽読した。論文の参考文献欄にも、筆者らが予想もしなかったであろう熱意で目を通した。自分でもいくつか実験をし、結果を解釈した。結婚、育児、スポーツで秀でること、富、起業、運、スタイル、幸福などの分野でのビリー・ビーン探しが自分の使命だ、さらには読者に自らの人生のビリー・ビーンになってもらうことこそが役割なのだと心得た。そして今、私は学んだすべてを伝授する準備ができている。

「人生のマネーボール」を。

## 人生の内野シフト

文献渉猟に先立って、私はいくつか基本的なことを自問してみた。マネーボール理論に基づいた暮らしとはどんなものか？　個人的な岐路の選択に際してアスレチックスやレイズのようにデータに基づいて判断するとは、どんな感じなのだろう？　マネーボール革命後の野球観戦の著しい特徴の一つは、かつてとは様変わりした光景が見られることだ。たとえば内野手の守備位置を考えてみよう。

マネーボール革命後、内野シフトがいや増している。内野手を特定の場所に重点配置してその他の部分はがら空きにするのだ。そこは打者にとって格好の狙いどころであるかに見える。伝統的な野球ファンにとっては、内野シフトは烏滸《おこ》の沙汰に見える。だがそうではない。こうしたシフトは、選手ごとの打球の方向の傾向についての膨大なデータに依拠している。ともすると馬鹿げているかのような内野シフトは、その有効性がデータによって裏付けられているのだ[12]。

マネーボール理論を人生に取り入れると、同じように一見おかしな結論に至る。いわば人生の内野シフトだが、それで良いのだ。

男女については既述の通り。頭を丸めたり髪を青く染めたりするとより多くのデートに漕ぎ付けられるのも人生の内野シフトである。営業のビッグデータから得られた例もある。

何かを売り込む機会は増える一方だ。ダニエル・ピンクが著書『人を動かす、新たな3原則』で記しているように、「同僚を説得し、出資者を口説き、子供をなだめるとき……それらはいずれも売り込みだ[13]」

ともあれ売り物が何であれ最善を尽くしたいもの。

売り込み口上を考える（良いことだ！）。それを練習する（いいね！）。ぐっすり眠る（いいよ！）。朝食をしっかり摂る（その調子！）。やるぞと奮い立って売り込みに出向く（よっしゃ！）。そしてプレゼン中は笑顔で白い歯を見せつつ親しみを込めて熱意を伝える（これ……あまり良くないんだな）。

近年の研究では、セールスパーソンの感情表現と売り込み実績の関連を調べている。

分析したデータセットは、通販動画ライブ配信サイトでの９万９４５１件の商品販売である（昨今ではアマゾン・ライブのような動画サービスで商品を売り込むサイトの利用は増加の一途をたどっている）。研究者は売り手の動画と商品やサービスの売れ行きデータを入手した（さらに商品自体の詳細、価格、無料配送の有無などの情報も）。

分析方法は人工知能とディープラーニングである。研究者らは動画を延べ６２３２万フレーム（コマ）に分解してデータに転換した。とりわけＡＩを使って売り込み中の感情表現をコードに転換した。怒ったような表情か？　うんざりしている？　おびえている？　驚いている？　悲しそう？　それとも楽しそう？

その結果、売り込み中の感情表現は、売上の重要な予測因子であることがわかった。もちろんネガティブな感情表現、たとえば怒りやうんざりは、売上の減少につながっていた。激怒は全く売上につながらない。だが意外だったのは、売り手がとてもポジティブな感情表現、たとえば幸せそうだったり驚いた表情をして見せたときも、売上は減り気味だったことだ。喜びも売上につながらないのだ。セールスパーソンの**売上増加につながるのは、感情を殺して、笑顔よりポーカーフェイスを浮かべているときだった。**[14] この販促効果は、なんと無料配送の2倍に達していた。

売り込みたければ、あまり入れ込まない方が良いこともある。まさかと思うかもしれないが、それがデータの教えである。

## 『誰もが嘘をついている』から本書へ

前著『誰もが嘘をついている』の読者に向けて、ちょっと本書を正当化したい。前著を気に入って本書を手にしてくださった読者もいるだろうが、そうではない方に、続く数パラグラフで前著の売り込みをも図りたい。

前著では、グーグル検索の分析を通じて、人々の本音を浮き彫りにした。グーグル検索を「デジタル自白薬」と称したのも、人は検索窓には本音を漏らすからだ。だからグーグル検索こそ人間心理についてこれまで得られた最も重要なデータセットと記したのだ。

そこで明かしたのは次のようなことだった。

▼2008年と2012年の大統領選でバラク・オバマが苦戦した地域について、人種差別的検索が予測因子になっていたこと。
▼人はよく一文をそっくり打ち込んでグーグル検索していること。たとえば「上司が嫌いだ」

とか「酔っぱらっちまったよ」とか「彼女のおっぱいがたまらん」など。

▼インドで「私の夫が求めることは……」から始まる検索のトップは「授乳」。インドでは赤ちゃんへの授乳法の検索と同じほど夫への授乳法が検索されている。

▼自分でやる堕胎法をめぐるグーグル検索が多い地域は、合法的な堕胎ができない地域にほぼ完全に一致している。

▼野郎どもはギターの調弦法、タイヤの交換法、オムレツの焼き方を検索するより多く、ペニス増大法について検索していること。男のグーグル検索トップの一つは「僕のペニスはどれくらい大きい？」だ。

同書の「結びに」で、次著ではグーグル検索の教えるところをさらに深掘りするとした。だがそうはならなかった。嘘をついて申し訳ないが、なにせ私は『誰もが嘘をついている』という本の著者なのだ。

本書はおよそそんな内容ではない。そして野郎どもが性器についてどう検索しているのかについてさらなる期待をされても、それにはもうお応えできない。

いや、やっぱりもう一つ言っておこう。男どもは時に、自分のペニスのサイズについて一文丸ごと検索している。[15] たとえばグーグルで「僕のペニスは○インチだ」などと検索しているのである。そしてそんな検索データを集めて分析すると、このグーグル申告データが、5インチを中心にした正規分布に近いことがわかる。

ともあれ変わりダネ検索は前著に任せることにして、先に進もう。

本書に収めた研究の多くは、前著の場合と違い、私ではなく他の研究者によるものだ。本書では現代社会におけるさらに実践的な自己改善に重きを置き、あれこれ散発的につまみ食いしたりはしない。さらに本書では、下ネタが顕著に少ない。本書でセックス絡みの話題を扱う場合、前著のように秘められた性的願望や性的不安を暴くためではなく、それが人を幸せにするのかどうかを論じる場合に限られている（ネタばれになるが答えはイエス）。

だが本書は、2つの理由から前著の自然な続編である。

第一に、本書の動機は、人々が欲しいと言っているデータではなく、本当に欲しがっているデータに基づいていることだ。前著を上梓した後、私は良き市場調

「僕のペニスの大きさは……」をめぐるグーグル検索

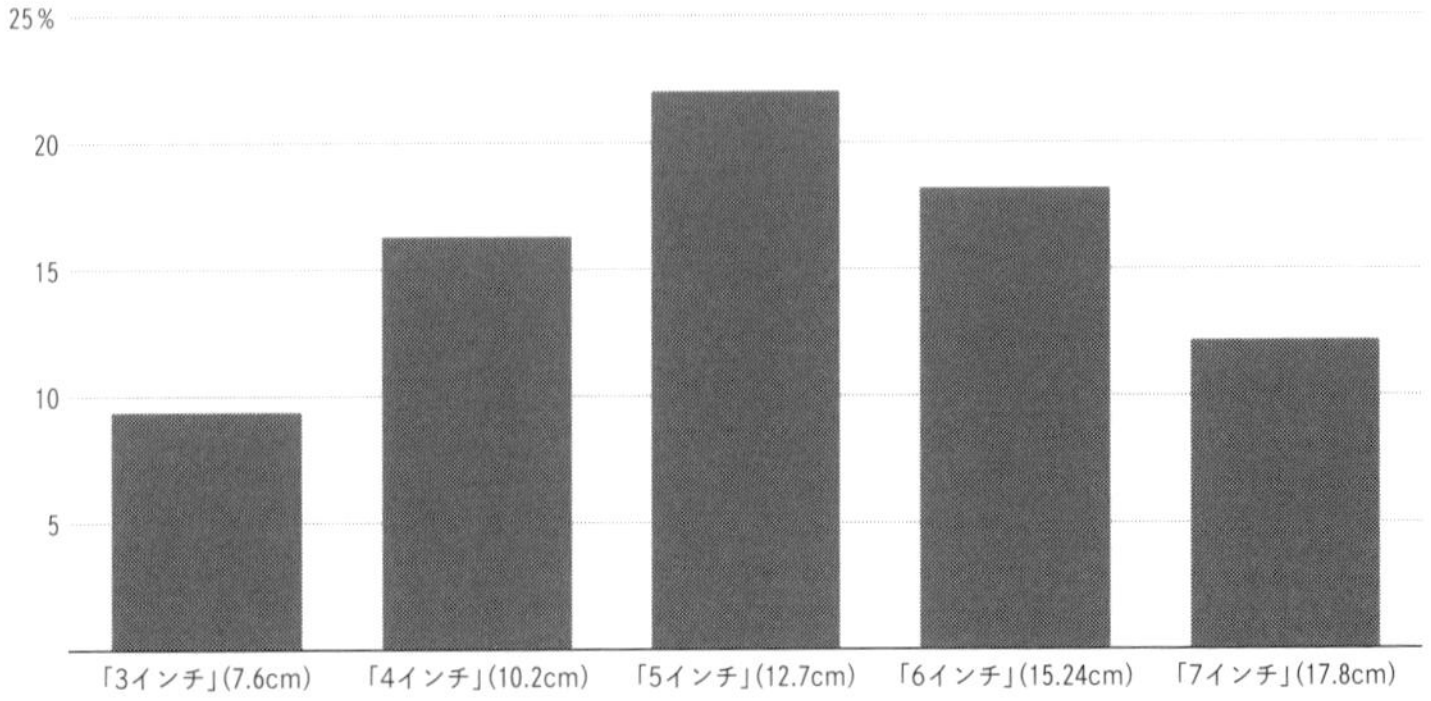


出典：『誰もが嘘をついている』。Google Trendsのデータに基づきDatawrapperで作成。

査員の範を示して、最も面白かった箇所を聞き込みした。たいていの人は、児童虐待や格差など世界を揺るがす大問題とそれへの対処法（前著第4章）だったと答えた。

だがもちろん私はこんな自己申告には懐疑的で、デジタル自白薬になる他のデータで検証した。キンドルのデータで前著の電子版の最もマーカーが引かれた箇所を調べたのだ。その結果わかったのは、**人々は世界を良くする方法よりも、むしろ自分の暮らしを良くする方法を気にしている**ことだった。認めようが認めまいが人は自己啓発に興味があるのだ、と断ぜざるを得ない。

アマゾン・キンドルをさらに詳しく調べても、同様の結論が得られている。膨大な書籍を対象に調べたところ、人々がマーカーを引いている文には他の文より「あなた」という単語が12倍も多く含まれていること[16]がわかった。

だから本書の冒頭は「あなたはより良い人生を選べる。ビッグデータがその役に立つ」なのだ。これは直感に頼らずデータ分析に基づいた書き出しである。望ましい暮らしを手に入れるために書かれた本として、あなたに贈る言葉である（気に入ってもらえただろうか）。

自己啓発に役立つ本の人気は、歴代の本の売れ筋からもわかる。私は各時代のベストセラー[17]を研究した。全時代を通じたノンフィクション分野でのベストセラーの最大のカテゴリーは自己啓発で、42%を占めている。次いで有名人の回想録（28%）、3番手はセックス研究（8%）だ。

何が言いたいのかって？　こうしたデータ分析の結果、私はまずこの自己啓発本を書く。それから『データが教えるセックス』という次著を出す。そのおかげで有名になったら『セス——べストセラーの分析で名を馳せた男の回想録』を書くのだ。

前著と本書の第二のつながりは、いずれもデータを使って現代生活の秘密を浮き彫りにすることだ。データがより良い判断に役立つ理由の一つは、世の中の基本的な事実のいくつかは人目から隠されているためだ。誰がどんな望みをかなえているかは秘匿されており、ビッグデータがそれを明かすのだ。

たとえば金持ちとはどんな人たちなのか。それがわかれば金持ちになりたい人にとって役に立つ。だがややこしいことに、多くの金持ちはそうであることを他人に知られたがらない。

最近になって、電子化された確定申告データが利用可能になったおかげで、金持ちについてかつてない網羅的な分析[18]ができるようになった。その結論は、米国の典型的な金持ちは、ＩＴ界の大物、ビジネス界の立役者、その他すんなりと思い浮かぶような人々ではないことだ。その正体は、研究者らの言う「地域的なビジネス」のオーナー社長らである。たとえば自動車ディーラーや飲料の卸売業者などだ。意外でしょ？　第4章ではこれを掘り下げ、それが仕事選びに持つ意味に触れる。

マスコミも嘘をついている。少なくとも対象を恣意的に絞ることで、物事の見方を歪めている。データを駆使してこうした嘘を突破できれば、判断に資する情報を選ぶことができる。

たとえば年齢と起業の成功について。データを分析すると、起業家についての典型的な報道は偏っていることがわかる。ある最近の研究では、ビジネス誌に掲載される起業家の年齢メジアン

（中央値）は27歳[19]だった。**マスコミは神童が大会社を育て上げた話を好む**のだ。

だが実際、典型的な起業家の年齢とは何歳か？　やはり最近のさる研究によると、**起業に成功した人の平均年齢は42歳[20]である。**そして起業の成功率はそのままずっと60歳まで高まっていく。[21]さらにこの傾向は、新たなツールを使いこなすには若さが必要と思われがちなIT界でも変わらない。[22]

起業の機会なんてとうに見逃したと思う中年読者には朗報だ。第5章では起業の成功をめぐるいくつかの誤謬《ごびゅう》を払拭し、誰であれ起業を成功させる機会を最大化する信頼できる方程式を見ていく。

社会の実相を伝えるデータを知れば、余人やマスコミが吹き込む嘘を避けて、より良い人生の決断が下せるようになるのだ。

## 神頼みから勘頼りへ、そしてデータ至上主義へ

『ホモ・デウス』の最終章で、ユヴァル・ノア・ハラリは、私たちがいま経験しているのは「とてつもない宗教改革、18世紀以来と言ってよいほどのそれだ」と記している。新たなる宗教とはデータ至上主義[23]、つまりデータへの信仰だ、と。

我々はデータから何を得てきたのか？

人類史の大半を通じて教養人らは、神に最大の権威を見出してきた。ハラリ曰く、「誰と結婚

すべきか、どんな仕事を選ぶべきか、戦に踏み切るべきかどうか……迷ったとき人は聖書を開き、その教えに従ってきた」

そしてハラリは、18世紀にはじまった人間至上主義革命はそんな神を中心とした世界観に疑問を投げかけたとする。ヴォルテール、ジョン・ロック、そして私が敬愛する哲学者デイヴィッド・ヒュームは、神は人間の想像力の産物であり、聖書の教えは虚構だと唱えた。外部からの導きなきいま、人間を導くのは己自身なのだと提唱したのだ。人間至上主義の時代、大きな決断の下し方は「自らの内なる声を聴き」、「夕日を見つめ」、「日記を書き」、「良き友と心を通わせて話し合うことだった」とハラリは言う。

さらに緒に就いたばかりのデータ至上主義革命は、行き渡るまで数十年はかかるかもしれないが、人間至上主義の感覚中心的世界観を揺るがしたと言う。宗教的なまでに祭り上げられた私たちの感覚は、社会科学者や生物学者による検証に晒されている、と。そして彼らは「人間《オーガニズム》とはアルゴリズム[24]であり」、感覚など単なる「生化学的計算の過程」に過ぎないことを発見したと言うのだ。

さらに伝説的行動科学者エイモス・トベルスキーやダニエル・カーネマンは、感覚がしばしば人を惑わせることを発見した。心はあちこち歪んでいるのだ、と。

直感は信頼できる導き手だろうか？　違う、と彼らは言う。人はしばしば楽観に傾いたり[25]、覚えやすい話を買いかぶったり、信じたい情報に飛びついたり、予想外の出来事を恣意的に解釈したりする……。

人間至上主義者にとっては「自らの内なる声を聴く」のは清々《すがすが》しく心地よいかもしれない。しかし率直なところ、心理学の学術誌『サイコロジカル・レビュー』の最新号やウィキペディアの秀作記事「認知バイアス一覧」を読むと、そうするのは危なっかしく感じられる。

ビッグデータ革命は新たな道を切り開く。人間至上主義者にとって直感に従い仲間に相談することは神なき現代における唯一の英知の源に思えるかもしれないが、データサイエンティストらは今やビッグデータを分析して認知の歪みを解きほぐしてくれる。

さらにハラリを引こう。「21世紀、直感はもはや世界最高のアルゴリズムではなくなった。私たちは未曽有の計算能力と膨大なデータによってより優れたアルゴリズムを生み出しつつある」このデータ至上主義では、「伴侶や仕事の選び方、戦に踏み切るべきかどうか……迷ったとき人は」自分以上に自分をよく知るアルゴリズムに頼れるのだ。

私は本書がデータ至上主義の聖書だ、あるいは「データ至上主義の十戒」を書くのだというほど傲慢ではない（もっとも本書で扱う他の研究者らによる、まさに草分けというにふさわしい仕事をそう思ってもらえればうれしいが）。だがデータ至上主義の新たなる世界観を示し、大きな判断に迫られている人に役立ついくつかのアルゴリズムを提供できたら望外の喜びだ。本書は9章構成で、いずれの章も人生の一大事について割かれている。そしてその皮切りは、おそらく人生最大の決断であり、データ至上主義が一変するかもしれないとハラリが真っ先に挙げたことだ。

データ至上主義者風に言おう。アルゴリズムは配偶者選びに役立つのか？

# 第1章　幸福な結婚のためのデータ科学

## 誰と結婚すべきか？

これは生涯を通じて後々まで尾を引く決断かもしれない。富豪投資家ウォーレン・バフェットも、これこそ人生で最も重要な決断だ[1]としている。

そしてこの重要極まりない決断に際して、人はめったに科学に助けを求めようとしない。実際、これまでは科学などあまりあてにもならなかった。

人間関係の研究者らはこの疑問の答えを探し続けてきた。だが被験者カップルを大規模に集めるには費用が掛かり困難と思い知るだけだった。この分野の研究はいきおい小規模になりがちで、結論も研究によって正反対だったりした。2007年、ロチェスター大学の著名な心理学者ハリー・レイスは、人間関係科学を青年期にたとえた。[2]「野放図かつ無秩序に枝葉を伸ばし、うんざりするほど不可思議だ」

だが数年前、若く情熱的で好奇心に燃える優秀なカナダ人研究者サマンサ・ジョエルが立ち上がった。ジョエルもまた人間関係の成功の予兆に興味を持っていたが、研究方法が独創的だった。単に数組の被験者カップルを集めるのではなく、既存の研究データを統合したのだ。一つ一つの研究規模は小さくても、データを結合すれば、人間関係の成否を決めるものがはっきりするはずだ、という目論みだった。

目論みは的中した。[3] 手当たり次第に人間関係研究の論文の著者ら（結局、85人に膨れ上がった）にデータ提供を依頼し、延べ1万1196組のデータセットが出来上がった。[*]

これは規模も、含まれる情報も、稀に見るものだ。ジョエルらはカップルごとに相手との関係の満足度を測った。そしてそのカップルについて考えつく限りの物事を調べた。

たとえば……[4]

▼統計的属性（年齢、学歴、収入、人種など）
▼外見（相手をどれくらい魅力的と評しているかなど）
▼性的嗜好（それぞれどれくらいの頻度で営みを望んでいるか？　どれくらい乱れたいと思っているか？）
▼興味、趣味
▼精神的・肉体的健康状態

▼価値観（政治観、人間関係観、育児観）
▼その他もろもろ

さらにジョエルらは、データの質や量ばかりか統計分析の手法も優れていた。機械学習を用いたのだ。これは人工知能の一分野で、膨大なデータに埋もれる微妙なパターンを掘り出すものだ。先端技術で人間関係の幸福を探った先駆的研究、いわばAI結婚研究だ。

推理好きな人は結論を予想してみてほしい。良き配偶関係の最大の予兆は何だろう？　共通の価値観より共通の興味の方が重要なのか？　性的相性は長い目で見てどれだけ大事なのか？　似たもの同士は幸せになりやすいのか？

ジョエルは膨大なデータを分析してこうした問いを探った。おそらく人間関係科学界で最も画期的な研究だった。

2019年10月、彼女はカナダのウォータールー大学で、[5]「（データ分析は）より良い伴侶選びの役に立てるか？」というその名の通りの発表講演を行った。

さて世界的な85人の学者らを取りまとめ、43件の研究データを統合し、1万以上ものカップルを対象に膨大な変数をマイニングし、最新の機械学習の技術を駆使したあげく、良き伴侶選びの

＊　この研究は異性愛者に限定している。同性愛者カップルにおける異同の有無はさらなる研究が待たれる。

ヒントは見つかったのか？

ノーだ。

このデータがもたらした最大かつ最も驚くべき教訓は、「人間関係がどれほど予想外なものかがわかったこと」と彼女はＺｏｏｍ越しの取材で私に語った。[6] 統計的属性、興味や価値観は、恋愛関係の禍福の予兆として驚くほど役に立たなかった。

ＡＩは今や、次のようなことができる。

▼チェスや碁で世界最高のプレーヤーを破る。
▼ネット上のチャットを調べるだけで社会的騒擾の発生を5日前に高精度に予告できる。[7]
▼体臭を分析して、パーキンソン病などの初期症状を感知できる。[8]

だがカップルが幸せになれるかどうか聞いてみても、ＡＩは我々と同様に途方に暮れるばかりなのだ。

うーん、これは確かに興ざめだし、データサイエンスが人生の岐路の判断を塗り替えているという本書の大胆なテーマにとって芳しくない結果のようだ。データサイエンスは本当に伴侶や恋人選びという人生最大の問題に何の役にも立たないのか？

そうでもない。実際、コンピュータは大方が期待するほど人間関係の成功を予測できるわけではないとわかったとはいえ、ジョエルらの研究は重要な教訓を含んでいる。

第一に、調査した変数のいずれもカップルの幸福度予想の因子としては驚くほど非力だったが、相性の良さに幾分つながる可能性があるものもいくつか見つかっている。何より、うまくいく恋愛関係の予測がこれほど難しいこと自体が、相手選びについて反直感的な示唆を含んでいる。

考えてみてほしい。ジョエルらが調べた項目を恋愛関係において大事だと思った人は多いだろうし、実際、調査でもそれらは綿密に調べられた。そのあげくデートに漕ぎつけるために熾烈に競い合っている変数の多くがその後の幸せに無関係だというなら（後述）、多くの人はデートの相手を誤っていることになるはずだ。

このことは更に、伝統的な疑問へとつながる。これも昨今、新手のデータの審判を受けている疑問だ。すなわち「人は恋愛相手をどうやって選んでいるのか?」である。

この数年、他の研究者たちが、出会い系サイトの膨大なデータを調べ抜いてカップル成立を予言する因子を探っている。幸せな恋愛関係に結びつく因子ではなく、モテる因子は何かについてのこの研究の結果は明確である。幸福につながる資質がわかりにくい一方、デート界でマタタビのように効くモテ要素ははっきりしているのだ。

最近のある研究では、出会い系サイトにおいて会員が他の登録者たちを好むかどうかを正確に見通せるばかりか、会ってみようかなと思うまでにかかる時間まで驚くほど正確に予測できる[9]と明かしている（判断に迷うほどスワイプまでの時間がかかる）。

つまりこういうことだ。**良き恋愛相手をデータから予想するのは難しい。だがモテるタイプはデータから簡単に予測できる。そしてそれは、多くの人は付き合う相手を丸っきり誤っていることを示唆している**のだ。*

## 人が恋愛相手に求めるもの

21世紀序盤の恋愛界の大きな進展は出会い系サイトの発展だった。１９９０年、伴侶探しには7つのやり方があった。最もありふれた方法は友人の紹介で、それに同僚の紹介、バーでの出会い、家族を通じて、学校で、近所で、教会での出会いが続いた。

１９９４年、キス・ドットコム（kiss.com）が初めての今日的な出会い系サイトとして登場した。翌年、マッチ・ドットコム（Match.com）がスタート。そして２０００年、私も胸を躍らせてユダヤ人向けサービスのジェイデート（JDate）にプロフィール登録した。イカしたサイトを見つけたぞと期待を募らせたが、すぐにユーザーの大半は私のようなキモメンと悟って落胆した。ともあれ出会い系サイトの利用者数は、その後も爆発的に伸びている。２０１７年、カップルの40％はオンラインで出会い、この数値は年々伸びる一方だ。

オンラインでの出会いは良いことか？　これは議論の的だ。アプリやサイトが紹介する出会いやデートに不平を漏らす人も多い。Q＆Aサイトのクオーラ（Quora）に最近寄せられたオンライン・デートについての苦情には、次のようなものがあった。「疲れちゃう」、「すごく魅力的でソソるプロフィールの大半はただのナイジェリア詐欺〔訳注／ナイジェリアは国際ロマンス詐欺の本場との一部の評にもとづく表現〕」そして「頼みもしないのに局部の写真を送ってくる[10]奴が多すぎ」等々……。

だが恋愛関係の研究者にとってオンライン・デートがまたとない情報源であることは明らかだ。出会い系サイトやマッチングアプリに文句を言う研究者などあらばこそ。

前世紀、求愛はオフラインでなされ、個人の判断など当事者以外には知る者もなく、まもなく忘れ去られたものだった。パートナーに望むことを知りたければ研究者は被験者に聞くしかなかった。だから１９４７年、画期的な研究を発表したハロルド・T・クリステンセンもそうした。１１５７人の学生を対象に、恋愛相手に望む21の特徴を聞き取った[11]のだ。男女ともに最も重視するのは「信頼性」、最も気にしないとされたのは「優れた容姿」と「経済的将来性」だった。

だがこうした自己申告は信頼できるのか？　微妙な話題に回答を偽るのは今に始まったことではない（実際それが前著のテーマである）。たぶん人々は、魅力的な顔立ち、くびれたウエスト、分厚いサイフにどれだけ惹かれているかは認めたがらないのだろう。

今世紀に入ると、人の本音を知るためのより優れた方法が生まれた。多くの出会いがオンライ

---

＊　ちょっと気の利いた言い換えをするなら、誰をクリックするかはわかりやすいが、誰としっくりいく《クリックウィズ》かを知るのは難しい。

## 異性愛者カップルの出会い方の変遷

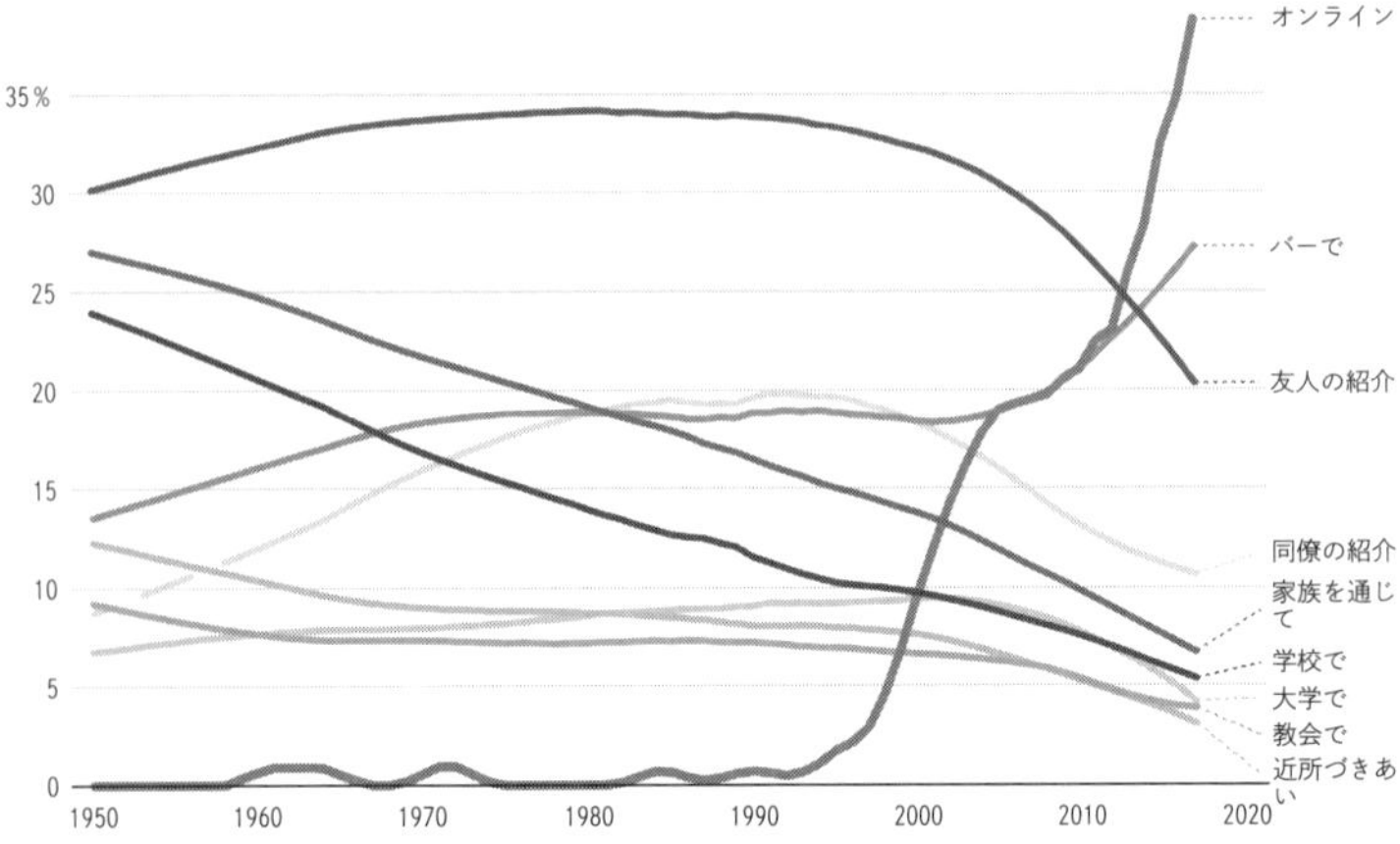


出典：Michael Rosenfeld のデータに基づき Datawrapper で作成。
初出は Rosenfeld, Thomas, & Hausen (2019)。

ンに移行しているだけに、プロフィール、クリック状況、メッセージはデータとして残る。イエスもノーもCSVファイルに落とし込める。そして世界中の研究者らがOKキューピッド、イーハーモニー、マッチ・ドットコム、ヒンジ(Hinge)他のサービスをマイニングしてデート市場でモテる要素を研究している。いわばモテる人類の特徴についての知見がかつてなく蓄積中なのだ。

序章で述べた通り、人の好みにはいくらか振れ幅があり、そこをうまく突けばニッチ市場でモテる。だが大方に好まれる特徴も予想できるのだ。

ではそれはいったいどんなものか？

恋愛相手に望まれる何よりの特徴は、いつもながら研究者よりも先にロックスターが喝破している。カウンティング・クロウズのアダム・

デュリッツが1993年発表の傑作「ミスター・ジョーンズ」で歌ったように、人は「何か美しいもの」を探しているのだ。

## 美しい容姿

ギュンター・J・ヒッチ、アリ・ホータクス、ダン・アリエリーらは、出会い系サイトの数千人もの登録者らを調べた。

被験者らはプロフィール欄に写真を掲載しているので、研究者らは評価グループを雇って、容姿の魅力度を1から10までの尺度で格付けさせた。

こうして登録者ごとに伝統的な美醜の判断による格付けができ、容姿とモテ度の関わりを調べられるようになった。モテ度は、彼らのメッセージにどれだけ応答があったかと、相手から一方的に送られてくるメッセージの数で計測した。

その結果、**容姿は極めて重要である**とわかった[12]。

異性愛者女性登録者のモテ度のざっと30%は容姿に起因していた。異性愛者男性がデートに漕ぎつけた理由の18%も容姿によるものだった。異性愛者女性はそれほど浅薄ではない層だが、それでも十分に浅薄なのだ。寄せられるメッセージの数や発するメッセージへの応答率については、男女とも容姿が最も確実な予測因子なのだ。

「ほらね、外見なんて関係ないと言いながら内心では人を見た目で値踏みしているのさ」とも言

**最もハンサムな男による、容姿水準別の女性への返答率**

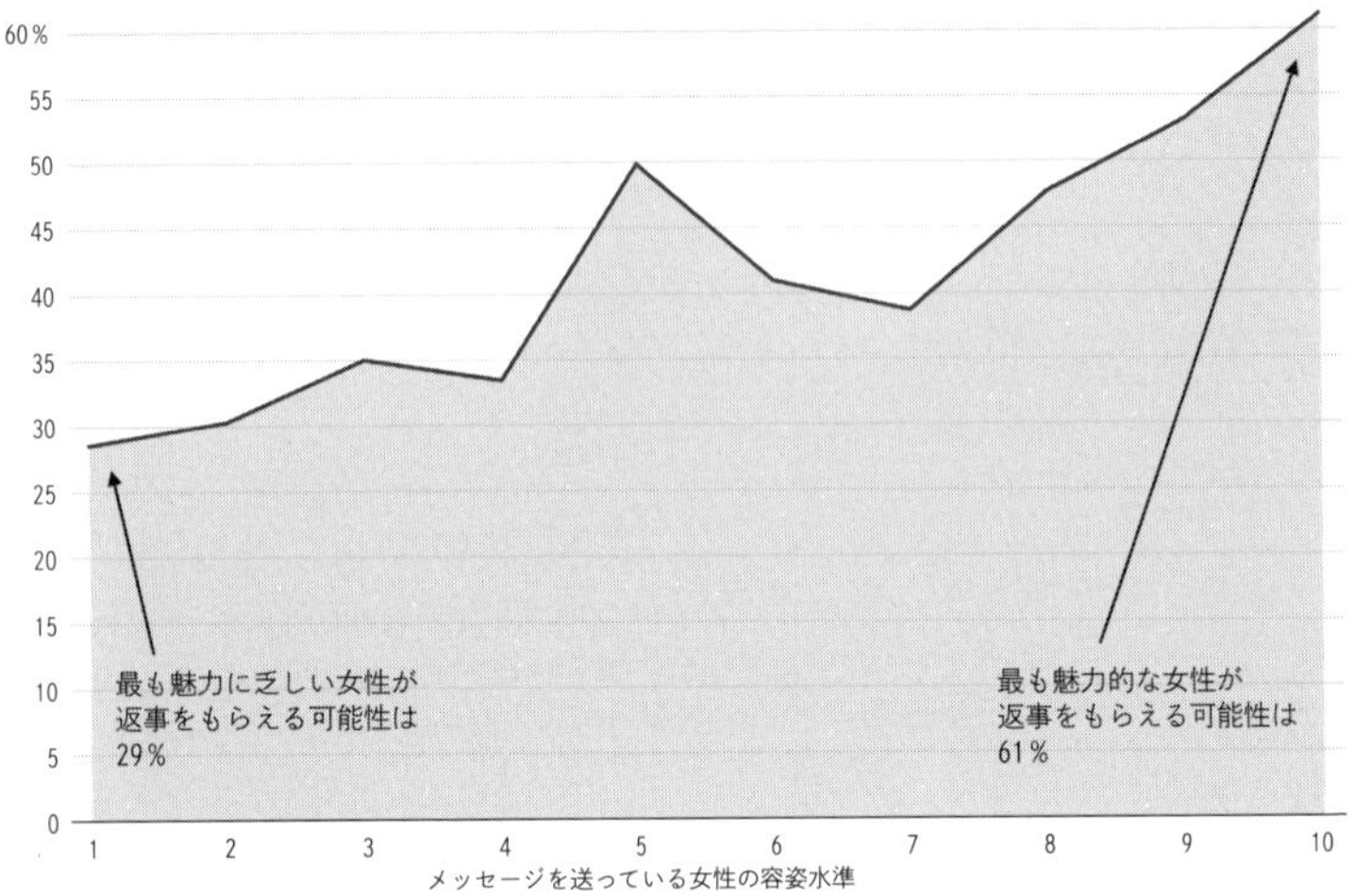


出典：Hitsch, Hortaçsu, and Ariely (2010)。Günter Hitsch 提供データに基づき Datawrapper で作成。

**最も美しい女による、容姿水準別の男性への返答率**

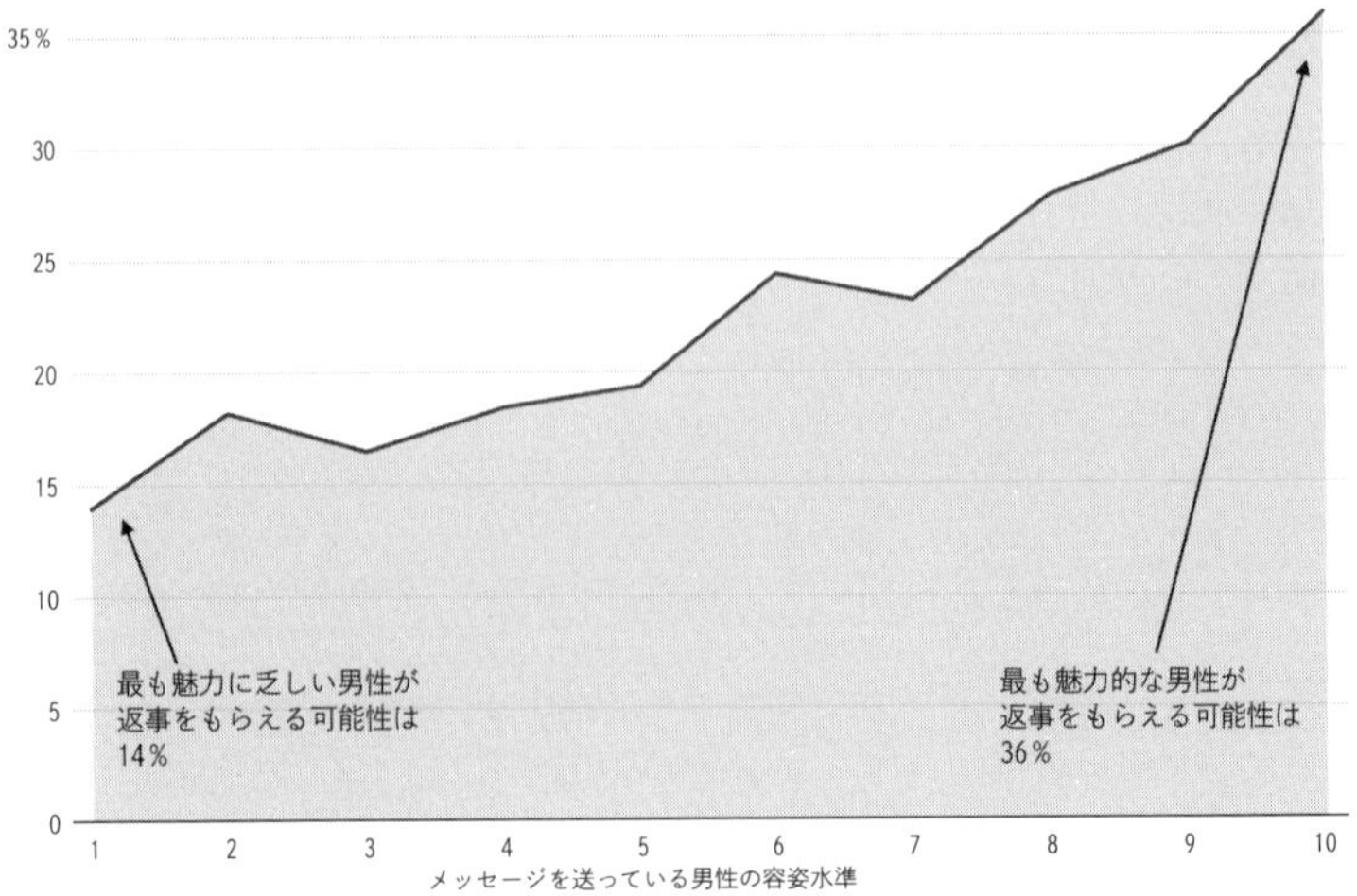


出典：Hitsch, Hortaçsu, and Ariely (2010)。Günter Hitsch 提供データに基づき Datawrapper で作成。

デート成立に身長が及ぼす影響

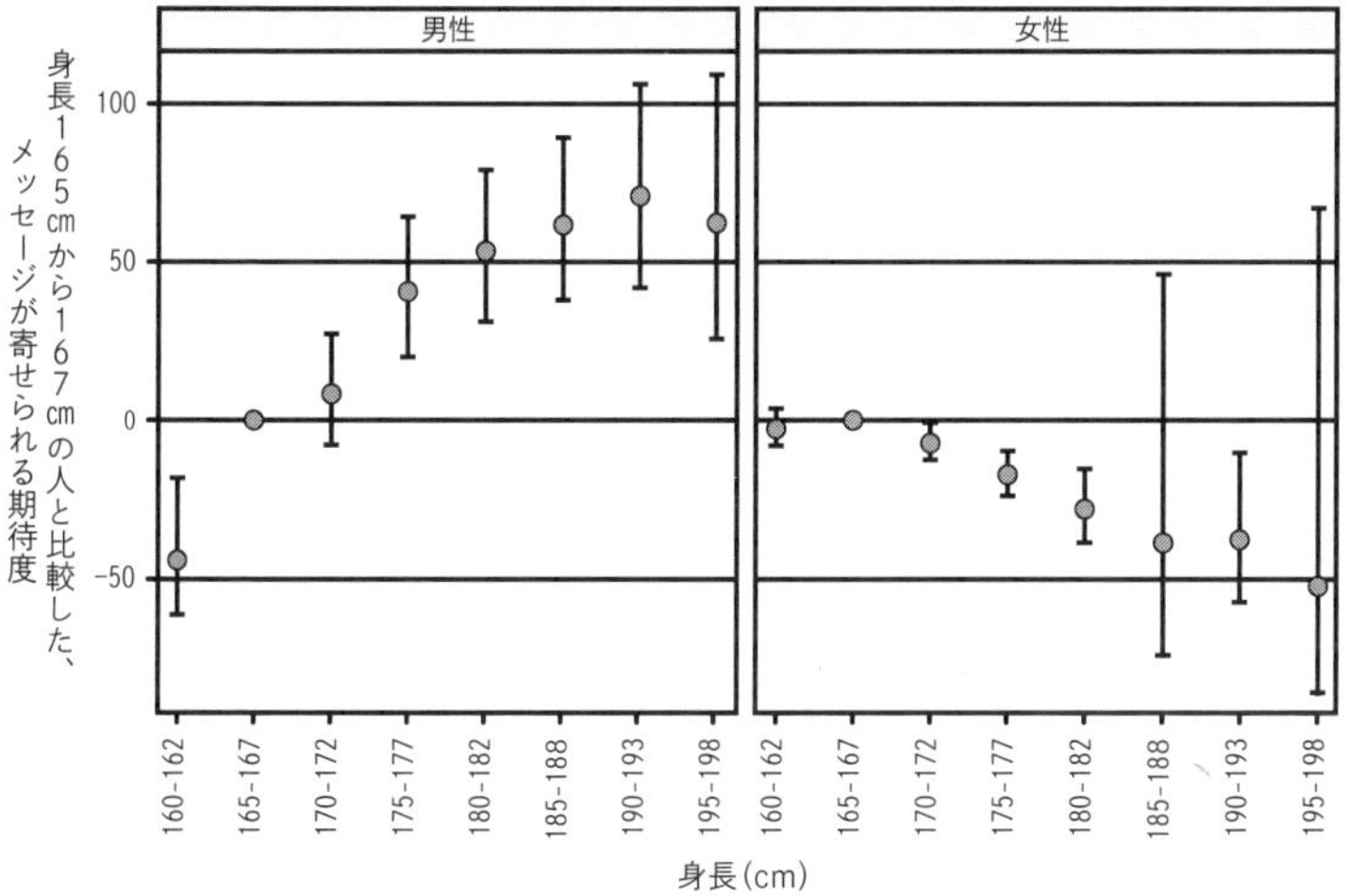


出典：Hitsch, Hortaçsu, and Ariely (2010)

えるし、「そりゃそうだ」とも言える研究結果である。

## 高身長——男の場合

この研究者チームは、容姿に加えて身長とモテ度の関わりも調べている[13]（身長はプロフィール欄記載のデータを参照した）。

またもや結論は身も蓋もない。女性は男の身長を大いに気にしている。理想的な男の身長は１９０センチから１９３センチで、こんな男性は身長１７０センチから１７２センチの男よりも65％も多くのメッセージを寄せられる。

この研究では収入とモテ度の関連も調べており、その結果は後述するが、おかげでデート市場における身長と収入の興味深い比較ができる。背が低い男は幾ら稼げばその弱みを補えるのか？

身長167センチの男が、身長182センチで年収6万2500ドルの男並みにモテるには、23万7500ドル稼がなければならない。つまりデート界では、この15センチの身長差は17万5000ドルの差に相当するのだ。

だが女性の場合には、望まれる身長の傾向は完全に逆転し、またあまり重視されない。出会い系サイトでは背の高い女性は総じて人気がない。件《くだん》の共同研究では、身長190センチの女性は、165センチの女性よりも寄せられるメッセージが42％少ない。

## 特定の人種――その隠された本音[14]

デート市場では見栄えが何より重視されることがわかった。研究者らは他にも、デート市場における人種差別もしっかり証明している。OKキューピッドの共同創業者で数学者のクリスチャン・ラダーは、同サイトの100万件以上ものメッセージ・データを分析し、その結果を好著『ビッグデータの残酷な現実』で発表した。

次頁に挙げる由々しき図表は、OKキューピッドに登録する異性愛者の男女がメッセージを受け取る率を、人種別に整理したものである。もし人種選好がなければ差異は生じないはずだ。たとえば同じ白人男性に対してメッセージを送った白人女性も黒人女性も、返事をもらえるチャンスは同等であるはずである。ところが実際には返答率は大違いで、黒人女性の場合は32％、白人

### 返答率：男性が女性から送られたメッセージに返信する率

| | アジア系男性 | 黒人男性 | ヒスパニック系男性 | 白人男性 |
|---|---|---|---|---|
| アジア系女性 | 48 | 55 | 49 | 41 |
| 黒人女性 | 31 | 37 | 36 | 32 |
| ヒスパニック系女性 | 51 | 46 | 48 | 40 |
| 白人女性 | 48 | 51 | 47 | 41 |

出典：Christian Rudder OKTrends post: http://www.gwern.net/docs/psychology/okcupid/howyourraceaffectsthemessagesyouget.html。Datawrapper で作成。

### 返答率：女性が男性から送られたメッセージに返信する率

| | アジア系女性 | 黒人女性 | ヒスパニック系女性 | 白人女性 |
|---|---|---|---|---|
| アジア系男性 | 22 | 34 | 22 | 21 |
| 黒人男性 | 17 | 28 | 19 | 21 |
| ヒスパニック系男性 | 20 | 31 | 24 | 22 |
| 白人男性 | 29 | 38 | 30 | 29 |

出典：Christian Rudder OKTrends post: http://www.gwern.net/docs/psychology/okcupid/howyourraceaffectsthemessagesyouget.html。Datawrapper で作成。

女性の場合は41％である。

このデータは総じて、アフリカ系アメリカ人女性がデート市場で直面している大きな困難を明かしている。上の図の上から2行目を見てほしい。黒人女性に対しては、どんな人種の男性も返信を渋る。

下の図の2列目は、この過酷な仕打ちへのアフリカ系アメリカ人女性なりの対処法を示している。選り好みしないのだ。黒人女性は、どんな人種の男から寄せられたメッセージに対しても最も返答率が高い。

黒人女性と白人男性のデート体験は著しく異なる。白人男性は、送ったメッセージに返答が得られる率がはるかに高く、これは下図の最下行に明らかだ。そのためとても選り好みが激しく、女性から寄せられたメッセージに返答する率が低いのである。このことは上図の最も右側の列に表れている。

男性で、女性からの返答率が低かったのは黒人とアジア系だった。

ラダーの図はそっけない。すべての人種間ペアにおける返答率を示す一方で、返答率の違いを生みかねない他の要因は考慮していない。たとえばデート市場でモテたりモテなかったりする人種がいたとしても、それは人種別の平均収入の多寡によるものかもしれない。

ヒッチ、ホータクス、アリエリーらは、こうした要素を調整した。すると、アジア系男性の非モテ傾向は、さらに悪化した。アジア系米国人男性の収入は平均以上で、それはモテる要因だから、それを考えると彼らのメッセージの空振り率はいっそう際立っている。共同研究者らは、アジア系男性が平均的な白人女性にモテようと思ったら、彼が白人だった場合に比べてなんと24万７０００ドル多く稼がなければならないと指摘している。

## 収入は多いほどよい

デート市場において、男性の収入は大いにモノを言う。

ヒッチ、ホータクス、アリエリーらの研究によれば、他の条件は一定として男の年収が３万５０００ドルから５万ドル、15万ドル、20万ドルへと増えた場合、平均的な女性からメッセージを受けられる率が８・９％ずつ上がる。一方、平均的な女性が同額の収入増を得た場合、平均的な男性からメッセージを寄せられる率は３・９％ずつしか増えない。

もちろん金満男性が異性愛者の女性に望まれることは周知の事実である。ジェイン・オースティンの『高慢と偏見』の冒頭に曰く「普遍的に知られるように、大金持ちの独身男性は配偶者として望まれる」あるいはベアネイキッド・レディースというカナダのバンド（もちろん男）の歌詞を借りるなら、もし「１００万ドル持っていれば」愛でも買える。

こんな一般通念があるだけに、実際に収入の影響力を調べてみるとその程度はむしろ穏やかで[15]あったのは意外だった。

次に、収入は別にして男性側の職業がモテ度に与える大きな影響について見てみよう。たとえば他の要素が同じなら、消防士の男はウェイターの男よりも恋愛相手としてはるかに目を引くのだ。

つまり収入を大きく増やすよりも、もっと魅力的な仕事に転職する方がモテるかもしれない。たとえば、宿泊飲食業の男が、6万ドルを稼ぐ消防士よりも魅力的になるのは、年収20万ドルを超えてからである。つまり年収6万ドルの消防士は、年収20万ドルの宿泊飲食業の男よりも、平均的な異性愛者の女性にとって魅力的なのである。

多くの男は女性の愛を「買う」にはよほど稼ぎを増やさなければならないと思い込んでいるが、実入りは良いが退屈な職よりもイケている仕事に就く方が男はモテる。それがデータの教えである。

### 警官あるいは困った人を助ける仕事（男性の場合）

男の職業はデート市場でモノを言う。[16]

ヒッチ、ホータクス、アリエリーらの研究では、被験者の職業がわかっている。それを分析すると、女性では、特に容姿レベルを勘案すると職業はモテ度にあまり影響しない。

だが男性がモテようと思ったら話は別だ。ある種の職に就く男は引っ張りだこだ。そしてこのことは、収入をはじめ全要素を考慮しても、なおそうなのである。

**男性弁護士、警察官、消防士、軍人、医師**らは、同等の収入、学歴、容姿、身長の男たちよりも、より多くのメッセージを受けられる。当の弁護士がもし会計士だったら、モテ度は下がっていたはずだ。*

46ページの表は出会い系サイトで異性愛者女性に最もモテる職業から最もモテない職業までの一覧である。

## セクシーな名前

数年前、出会い系サイトで様々な名前を名乗ってランダムにメッセージを送った研究者たちがいた。写真他の情報は含まなかった。その結果わかったのは、中には他よりも2倍も返答率が高い名があることだった。最も返答率が高かったセクシーな名前は[17]……

▼アレクザンダー、ジェイコブ、シャーロット、マリー、エマ、マックス、ハンナ、ピーター

＊ TVドラマ『となりのサインフェルド』のファンだったら、きっとジョージ・コスタンザの事を思い起こしただろう。親友のジェリー・サインフェルドに言わせれば、「当代きっての嘘つきで二心あり欺瞞的な」人物で、女性の気を引こうとしょっちゅう職業を偽っている。海洋生物学者（科学研究分野と言えそうだ）だと称するかと思えば建築家（芸術分野の典型だ）と偽る。だがデータサイエンスの教えるところ、これらは取り立てて女性にモテる職業ではない。データ志向で詐称するなら弁護士と名乗るべきである。

男性の職業別モテ度（収入を一定額に調整後）

| 職業 | 学生を標準指標とした場合に女性からメッセージを送られる率 |
|---|---|
| 法曹／弁護士 | 8.6％ |
| 警察官／消防士 | 7.7％ |
| 軍人 | 6.7％ |
| 医療専門職 | 5％ |
| 事務管理／秘書 | 4.9％ |
| 娯楽／放送／映画 | 4.2％ |
| 経営管理 | 4.0％ |
| 製造 | 3.7％ |
| 金融／会計 | 2.4％ |
| 自由業 | 2.2％ |
| 政治／行政／公務 | 1.7％ |
| 芸術／音楽／著述 | 1.7％ |
| 営業／マーケティング | 1.4％ |
| 技術／科学／工学／研究／コンピュータ | 1.2％ |
| 輸送 | 1.0％ |
| 教師／教員／教授 | 1.0％ |
| 学生 | 0％ |
| 作業員／建設労働者 | −0.3％ |
| サービス／宿泊飲食／外食 | −3％ |

出典：Hitsch, Hortaçsu, and Ariely(2010)

など。一方、最もセクシーではない名前は……

▼セリーナ、ジャスティン、シャンタル、ケヴィン、デニス、マンディ、ジャクリーン、マーヴィン

などだった。

**あなたに似た人**

人は自分に似た人を探しているのか、それとも違うタイプを求めているのか? コンピュータ科学者でデータサイエンティストのエマ・ピアーソンは、出会い系サイトのイーハーモニーで100万件の成立カップルを調べた結果を、データ・ジャーナリズム・サイトのファイブサーティエイトに寄稿した。調査内容は、イーハーモニーに登録されている102の特徴について、成立したカップルが共通点の多い相手を探しているのかその逆かだった。結果は歴然、**人は似たもの同士に惹かれていた。**[18]

異性愛者の女性の場合は、特にこの傾向が強い。女性では、102の特徴の文字通り全てについて、それを共有する男に連絡する傾向が高まる。このことは、年齢、学歴、収入などいかにもな特徴ばかりか、プロフィール欄に何枚写真を載せているかや、形容表現が共通しているかなど

の風変わりな特徴についても当てはまった。「クリエイティブ」と自称する女性は、やはり「クリエイティブ」と称する男性に連絡を取る率が高かった。異性愛者の男性も特徴が共通する女性を好む傾向があったが、その程度は女性ほどではなかった。*

まさしくピアーソンの研究の表題通り「結局、人は自分とデートをしたいのかもしれない」のである。

この研究成果を裏付ける別の研究もある。やはり出会い系サイトのヒンジのデータを調べたものだ。この研究の表題もうまくつけたもので、「似たもの同士」。

この研究では、登録者らを惹きつける意外な類似性も明かしている。イニシャルである。ヒンジの登録者らは、自分と同じイニシャルの相手に対しては、11・3%も多くカップル成立しやすい。[19]しかもこの傾向は、信仰とイニシャルを共有するカップル――アダム・コーエンとアリエル・コーエンなど――の高い適合性に牽引されてのことではない。信仰を共にする人々にも同一イニシャル選好の傾向が当てはまるということだ。**

対照的な人に惹かれるというのは誤謬である。好まれるのは何よりも共通性である。

## 恋愛関係の成功を予言するものとは？

出会い系サイト研究からわかった（時に気まずい）事実は、人は総じてある種の特質に惹かれるということだ。だがそれは好ましいことなのか？

平均的登録者が、一般的なモテ要因に当てはまる相手を選べば正しいデート相手が見つかるのか？　それとも全く見当はずれな相手を選んでいるのか？***

本章の冒頭で触れたサマンサ・ジョエルらの共同研究を思い出してほしい。それは史上最大規模の被験者数とその特徴を網羅した研究だった。その結果、どんな特質についても、被験者らの幸福を予言する因子には到底ならなかった。恋愛関係の成功を予言するのは、何らかの特徴の組み合わせではない。世の中のどんなアルゴリズムも、2人が幸せになれるかどうかをぴたりと言い当てることはできないのだ。

とはいえ、恋愛関係の成功率を多少なりとも高める特徴もないではない。ではそれは何か、そ

---

*　ピアーソンが調べた特徴のざっと80％において女性は男性以上に類似性を選好した。

**　またもサインフェルドのファンならジェリー・サインフェルドを思い出すだろう。彼はシーズン7の24話で、ジーニー・ステインマンという女性とデートした。彼自身にそっくりな女性である。イニシャルが共通しているばかりか、着こなしについてのこだわりや、レストランでシリアルを注文すること、そして人のトラブルを聞くと「情けない！」と叫ぶ様まで同じ。

ジェリー・Sはジーニー・Sに入れあげて求婚したが、すぐにそれを撤回した。「僕みたいな人間と一緒になれるわけがないんだ。自分が嫌いなのに」

データは人はみなジェリー・サインフェルドであると教えている。ジーニー・ステインマンを探しながら、いざ見つけると、やはり心満たされないのかもしれない。

***　ロマンスについて本当に科学に根ざした網羅的ガイドをお探しなら、ラダーの『ビッグデータの残酷な現実』に加えて、ローガン・ウリの『独りで死なない方法』(*How to Not Die Alone*)をお勧めする。

してそれが恋愛市場で求められてやまない特徴といかに無関係かについて述べたい。

## データの教えるところ「問題は我にあり」

ジョンという男がサリーと付き合っているとする。さて、ジョンは彼女と幸せを摑めるか？　それを予測するために、2人に3つの質問ができるとする。

さて、どんなことを聞くか？

ジョエルらの共同研究によれば、ジョンがサリーと一緒に幸せを摑めるかどうかは、サリーの側の問題ではさらさらなく、もっぱらジョン側にかかっている。彼の幸福を占う最善の3つの質問は次のようなものだ。

1. ジョン、君はサリーと出会う前、満ち足りていたかい？
2. ジョン、君はサリーと出会う前、鬱ではなかったかい？
3. ジョン、君はサリーと出会う前、前向きな気分でいたかい？

研究の結果、これらに「イエス」と答えた人は、恋愛関係で幸せをつかむ可能性がはるかに高いことがわかった。つまり元々総じて幸せだった人は、恋愛関係においても幸せになれる可能性が大幅に高いのだ。

さらに衝撃的なことに、こうした自分についての質問に対する答えは、恋愛相手についての全特徴の合計よりも、ざっと4倍も幸せな恋愛関係の予兆指標になる。*

もちろん、恋愛関係以外の幸福度が恋愛関係の幸福度に深く関わるというのは今更な話だ。よく「今日の格言」欄にも「満ち足りていない人を幸せにすることはできない」などとあるように。私のような皮肉屋のデータオタクはこうした格言に冷笑的だが、ジョエルらの研究に接した今、私はこれをおおむね正しいと考えるようになった。

このことはデータに学んで暮らす上で示唆的だ。私たちデータオタクは一般通念や陳腐な助言に反するデータに欣喜雀躍する。人の知らないことを知って優越感を覚えるのは人情というもの。だがデータオタクは、データが一般通念や陳腐な助言を肯定するときにも、素直に受け入れなけ

---

＊ サインフェルドのファンならまたもジョージ・コスタンザを思い出すだろう。ジョージは別れの決め台詞「問題は僕にある、君じゃない」で有名だ。彼はこれこそ恋愛関係において何より大切と考えるあまり、女性がまったく同じ台詞で彼を振ったときにブチ切れた（あげく「わかったわジョージ、問題はあなたよ」と言わせた）。

ジョージの決め台詞はデータサイエンスに裏付けられている。彼はこう言うこともできただろう。「幸せな恋愛関係についての機械学習モデルによれば、僕の精神状態は君についての全てよりも4倍も恋愛関係の成功予想に役立つ因子だ。科学的に見ても、自分に満足していなかったり、鬱を患っていたり、後ろ向きな傾向を帯びている人が良い人間関係を築くのは非常に難しい。僕はそのすべてに当てはまる。もっと前向きな人生の展望が開けない限り、誰が相手でもうまくいきっこない。問題は君じゃない、僕にあるんだ！」

ればならない。たとえそれが、「今日の格言」欄のような陳腐な教えであっても。

だから86人の共同研究者と「今日の格言」の書き手の見解が一致した通り、相手との関係以前に自らの幸福度こそが、何よりその人の恋愛関係の禍福の予兆となるのだ。しかし予測因子は他にもある。相手方の資質についてはどうか？　幸せな恋愛関係に最も結びつきにくい資質から見ていこう。

## 容姿は過大評価、そしてデータサイエンスが裏打ちする、わかってはいたのに無視していた要素

１万１０００組もの長期カップルを機械学習した結果、次の要素は良き伴侶としての因子に最も関わりが薄いことがわかっている。これらを「どうでもいい８か条[20]」と呼ぼう。これらがどう異なる相手とでも幸せになる可能性に変わりはないのだから。

- ▼人種
- ▼宗教／宗派
- ▼身長
- ▼職業
- ▼容姿

▼初婚か再婚か
▼性的嗜好
▼似たもの同士

私はこのどうでもいい8か条を見てすぐに、本章で論じた他のデータ分析研究の結論に通じるものを見出した。

出会い系サイトのビッグデータから抽出したモテ要素を思い出してほしい。それらは幸せなカップルになれるかどうかに何の関係もないこの8か条とほぼ重複している。

伝統的なモテ要素である容姿は、デート界で何よりもてはやされている。ヒッチ、ホータクス、アリエリーらが出会い系サイトの数万単位の登録者を対象に研究した際も、最もメッセージを寄せられ、また自らのメッセージへの返答率が高い人は、おおむね容姿次第と結論していた。だがジョエルらの1万1000組の長期カップルを対象にした共同研究によると、容姿は幸せを摑めるかどうかにほとんど関係がない。同様に、長身で、イケてる職業に就き、特定の人種で、自分に似ている相手も、デート市場で大モテである。だがそんな特徴を満たす相手と長年連れ添っている人に聞いてみると、だからと言って幸せになっているとはおよそ言えないのだ。

ビッグデータ分析による人間関係研究の要諦を端的にまとめるならこうなるだろう（いわば「恋愛の第一法則」だ）。**デート市場では幸せな恋愛関係につながる見込みとは無関係な特質を持**

**つ相手をめぐって熾烈な競争が繰り広げられている。**

幸せな恋愛関係には結びつかないこうしたモテ要素を「**キラキラ資質**」と呼びたい。キラキラ資質は人目を引く。誰だって美男美女に惹かれるものだ。だが眩《まばゆ》いキラキラ資質は、長期的な恋愛関係の幸福とはおよそ無関係だ。それなのにデータは、独身者がキラキラ資質に引っ掛かることとは請け合いと示しているのだ。

## 恋愛界の掘り出し物――見過ごされがちな資質

人間関係研究の文献を渉猟して思ったことがある。今日のデート市場は１９９０年代の野球界にそっくりなのだ。

本書の着想のきっかけとなったマネーボール革命を思い出してほしい。オークランド・アスレチックス他少数の球団がデータ分析を通じて悟ったのは、球界の常識がまるで的外れであることだった。選手の年俸と球団にもたらす価値（勝利への貢献度など）は断絶していた。選手はしょっちゅうドラフトされていたが、契約金は球団にもたらす価値とは無関係に決まっていた。スター然とした選手に大盤振る舞いする一方で、見栄えのしない選手には払い渋ったのだ。

そんな見くびられていた選手の一人がケヴィン・ユーキリスだった。ユーキリスは「太った三塁手で走塁、肩、守備どれもダメ」と評されていた。大学時代のコーチいわく「固太りで、あまり運動選手らしくなかった。長身でもないし、颯爽としているわけでもない。ユニフォーム姿もずんぐりむっくりでね」[21]大学野球界で群を抜く実績を残しながら、ユーキリスはプロ選手らしからぬ容姿のせいで、ドラフトでも8巡目で拾われた。

だがデータは知っていた。いくらプロ選手らしからぬ外見でも、彼が本当に大切な資質のすべてを持っていたことを。そんなデータ分析を基に、ボストン・レッドソックスは彼をドラフト8巡目で押さえ、オークランド・アスレチックスのゼネラルマネジャー、ビリー・ビーンを切歯扼腕させた。ビーンもぜひともユーキリスが欲しいと狙っていたが、もっと安く確保できると踏んでいたのだ。プロにしては小柄でぽっちゃりなユーキリスは、後にオールスターに3度選ばれ、チームを2度もワールドシリーズへと導いた。

1990年代のデータ重視球団は、その他の球団がもて囃《はや》すキラキラ資質を欠いたユーキリスのような選手を選ぶことができた。マイケル・ルイスは言う。「うわべに惑わされると地金を見誤る。そのたびに目利きが得をするのだ」

デート市場も、外見に惑わされてムダがはびこっている。潜在的費用（その相手を射止めるのがどれだけ難しいか）と潜在的価値（その相手とどれだけ幸せになれるか）が乖離しているのだ。

では、ビリー・ビーンのようにデート市場に臨むことはできるのか？　他の人々は見逃しているが、しかし素晴らしい伴侶になる可能性では誰にも劣らない相手を見つけ出せるか？

そのためには次のような資質に目を付けるべきだ。こうした人々はあまり競争率は高くないが、良きパートナーとなる可能性は何ら劣らないことは立証済みだ。

**デート界で大幅に過小評価されている特徴**

▼背の低い男性
▼すごく長身な女性
▼アジア系男性
▼アフリカ系アメリカ人女性
▼学生やあまりモテない職業（教員、宿泊飲食、科学、建設、輸送）の男性
▼因習的な価値観（美醜など）による非モテ男女

こうした人々にもっと目配りすれば、素晴らしい相手をより低い競争率で見つけられるようになる。余人が愚かにも見過ごしている素晴らしい伴侶を、恋愛界のユーキリスを、見つけやすくなるのだ。

もちろんデート界がもて囃すキラキラ資質には目もくれずデータ分析が教える資質を見ろとまっとうな助言をしても納得しがたいだろう。キラキラ資質が好まれるのは、それが心をつかんでしまうからだ。アダム・デュリッツが歌うように、人は「何か美しいもの」を探しているのだ。

ではキラキラに目をくらまされずに恋愛を成就させるエビデンスに基づいた方法はないのだろうか？

テキサス大学の研究者らは面白くも重要な定量的研究をまとめた。異性愛者の学生たちを対象に、ある科目の学期の初めに異性の同級生の魅力を格付けさせた。[22] もちろん特定の学生に人気が集中した。たいていの人は、いわゆる伝統的なモテるタイプの学生を最も魅力的と評していた。いわば隣のブラッド・ピットやナタリー・ポートマンだ。

そしてその科目の学期の終わりごろ、また魅力度を格付けさせた。ここからが研究の見どころで、結果は分散していた。他の学生は選んでいない相手を高く評価することがはるかに増えていたのである。

学期の初めと終わりの違いは何か？　それは学生たちがともに過ごしてきた時間だ。眼光鋭く逞しい顎を持つ男は、当初はモテるかもしれない。だが話がつまらないとわかるにつれ人気を失っていく。鷲鼻で下ぶくれの顔の女性は当初はあまり気を引かないが、話してみて面白いとわかるとモテ始めるのだ。

この研究結果は、デート戦略に大きな意味を持つ。デート界では学期の初めにモテていた容姿端麗などの一般的な人気資質を追い求めて熾烈な競争を繰り広げている。だが結局、そんな相手を苦心惨憺《さんたん》して捕まえてもあまり良いパートナーにはならないのである。一方、そんなキラキラ資質を欠いた相手に対しては興味を持たず、デートしようとしない。

この研究の成果は、第一印象にこだわるな、身体的魅力など相手を好きになれば深まっていくものだ（あるいは逆に相手を嫌いになれば薄れていく）、である。データによれば、過小評価されている特徴の相手、一般的にあまりモテない相手とでも、たとえ当初はピンと来なくてもどんどんデートし、辛抱強く好意を育むべきなのだ。

伝統的なモテ要素は幸せなパートナー選びに役立たないことはわかったが、では役に立つ要素とはどんなものか？

## 最善のパートナーの資質とは？

ジョエルらの共同研究では、良き伴侶の予兆になり得る特徴をいくつか見出している。次のようなものだ。

▼暮らしに満ち足りていること
▼アタッチメントスタイル（愛着理論）を持つ人（意味が分からなくても後述するので大丈夫）
▼誠実さ
▼向上心

さて、これからどうすべきか？

恋愛において幸せになるためには、まずは……あまりなじみのない心理学の学術誌を読み、専門用語の意味を知ることから始めよう。あなたが恋愛パートナーと一緒にいてどれだけ幸せになれるかは、心理学者らがまとめたテストの得点次第なのだ。つまりこんど彼女につまらない野球中継なんて消してインターネットで見つけた心理テストをやってみようと言われたら、やっぱり独りの方が煩わしくなくていいなどと癇癪を起こさずに、一緒にやってみるべきなのだ。そうすれば彼女が長い目で見て良いパートナーになれるのかどうかがわかる。自ら進んでこのテストをやってみるのはさらに良い。

**暮らしに満ち足りていること**の重要性は自明である。そんな人は良い伴侶になる可能性が高い。ミック・ジャガーは良きパートナー候補失格だ。リズムに乗って「サティスファクション」を熱唱するジャガーはカリスマ的だが、歌詞に耳を傾ければ彼が長い目で見て女性を幸せにできるかどうかは疑わしい。

**アタッチメントスタイル（愛着理論）**については、アミール・レバインとレイチェル・ヘラーが好著『異性の心を上手に透視する方法』で論じている。アタッチメントスタイルこそが理想のパートナーが持つべき資質の核心であり、それがしっかりしていれば人を信用でき、また信用されるに値し、自分の興味や愛着を率直に話し、人と親しく交わることに抵抗が少ない。アタッチメントスタイルのテストは、ここで受けられる（英語）。

Attachment Style Quiz: Free & Fast Attachment Style Test

(https://www.attachmentproject.com/attachment-style-quiz/)

**誠実さ**は五大性格の一つで、1961年にアーネスト・テュープスとレイモンド・クリスタルによって提唱された。誠実な人々は規律があり、能率的で、几帳面で、信頼でき、ジョエルらによれば長期的な良いパートナーになれる。誠実さのテストはここで受けられる（英語）。

How Conscientious Are You? Free Big Five Personality Test

(https://www.truity.com/test/how-conscientious-are-you)

**向上心**は心理学者キャロル・ドウェックによって開発された概念だ。向上心のある人々は粘り強く努力を重ねて才能を伸ばしていく。それだけに良い人間関係にも努力を惜しまず、それを達成する。向上心のテストはここで受けられる（英語）。

Growth Mindset Test

(https://www.idrlabs.com/growth-mindset-fixed-mindset/test.php)

恋愛関係の成功の予兆は驚くべきもので、恋愛市場についての考え方を一新する。気が滅入るようなデータが示すように、出会い系サイトではばかげたキラキラ資質ばかり追い求め、それほど多くないセクシーなパートナーを求めてばかりいる。セクシーなパートナーを捕まえた人々の方が幸せということもなくはないだろう。ワイルドなセックスに耽ったりパーティーでホットなパートナーを見せびらかしたりという喜びもある。だが数千組のデータの分析結果は違う。幸せをつかんだ人は、気立ての良い相手を捕まえたからそうなったのだ。

そしてビッグデータ分析の教訓は他にもある。肌の色、顔の対称性、身長、職業のカッコよさ、イニシャルが共通しているかどうかなどで人を値踏みしないことだ。長い目で見ると最も肝心なのは性格である。

## 2人の偶発的で予測不能に見えるつながりは……

なぜ一部のカップルは末永く幸せになるのか？　一方、相思相愛で始まったのに破局を迎えるカップルがいるのはなぜ？

サマンサ・ジョエルらのチームは、こうした疑問にも取り組んだ。彼らが着目したのは、被験者カップルの中には何年も隔てて複数回の調査を受けた人々がいることだった。そんな人々の中には初めは気が乗らなかったが段々相手が好きになったというカップルもいれば、その逆もいた。こうした人々に共通する特徴とは何か？

ジョエルらの研究では、機械学習技術を導入して、何が恋愛関係を変えていくのかを調べた（これは先述の、2人がのちに任意の時点で幸せをつかめるかを予想した調査とは別である）。では属性、価値感、心理学的特性、好みなどは、恋愛生活の行く末について何を示唆しているのか？

何も示唆していなかった。

ジョエルらの共同研究では、恋愛感情の変化について、何らの予言因子も見出せなかった。確かに初めが良ければ行く末も仲睦まじいことが多いし、その逆も同じ。だがそれ以外には、何一つ恋愛関係の行く末を占う因子は見つからなかったのだ。

私はそのこと自体、恋愛関係についての判断に大きな示唆を与えていると思う。

恋愛関係の判断を下す上で将来の変化に期待する人は少なくない。「確かに今は不幸だが、いずれ上向くはずだから」と我慢している人もいるだろう。

だが研究結果は、自分や相手の様々な資質を根拠に恋愛関係が上向くことを期待するのはおおむね誤りと示唆している。今は不幸でも似た者同士なのだからいずれうまくいくはず、とは限らないのだ。

データの教えるところ、現在の恋愛関係の幸福以上に将来の幸福を占う要素など何もない。今は相手に不満でも自分か相手の資質のおかげでいずれ幸せになれると当て込むのは見当違いだ。

データドリブンなパートナー探しを総括するなら、**激烈な競争の的となる特徴以外に目配りす**

**べき**ということだ。心穏やかな相手を探そう。2人の関係に安心・満足し、互いの共通点や差異は気にしないことだ。いずれ破局に至る関係、あるいはいずれ展望が開ける関係は予想できるなどと自惚れてはいけない。世界最高レベルの科学者が最大級の規模のデータを分析してもわからなかったのだから、あなたにもそんなことはわかるはずがない。

## 次章の予告

伴侶を見つけたら、子供を持つこともあるだろう。そして子供を持てば、良き親でありたいと思うに違いない。数億単位の米国人の納税記録他のビッグデータから良き親の条件について重要な知見が得られている。

# 第2章 良き子育ての秘訣

子育ては悩ましいの一言だ。近年のある研究によれば、新生児の生後1年間に[1]両親は1750件もの難しい判断を迫られている。命名、母乳保育すべきか、就寝訓練、どの小児科医に診せるか、赤ちゃんの写真をSNSに投稿すべきかなどだ。

しかもこれは生後1年間に限ってのこと！　その後も育児の悩みは尽きない。実際、親たちは8歳が最も難しいという。[2]

両親はこんな難局にどう対処しているのか？　もちろんグーグルは頼りになり、子育てをめぐるほぼ何事につけても一応の答えを用意している。だが慣例的な子育ての知恵には、腑に落ちるものも、物議を醸すものもある。

腑に落ちるアドバイスとは、たとえばKidsHealth.orgに載っている「良き見本《ロールモデル》であれ」、「無条件の愛情を示せ」といったものだ。物議を醸すものとしては、先ごろ『ニューヨーク・タイムズ』が掲載したような、子供の躾けにタイムアウト（指導に従わない子供を、一定の冷却時間として何もさせず放置すること）を用いる、といったものである。[3]これに対し、２０１６年、公共放送ＰＢＳの『ニュースアワー』のサイトは「決してタイムアウトをすべきではない理由」[4]というコラムを掲載した。

業を煮やした母親[5]アヴァ・ネイヤーは、就寝と生育の問題を中心に山ほどの育児書を読破したあげくぶちまけている。

> おくるみはしっかりと、でもあまりきつくしちゃだめ。仰向けに寝かせなさい、でもあまり長く仰向けに寝かせると発育が遅れます。乳幼児突然死症候群（ＳＩＤＳ）を防ぐためおしゃぶりを与えなさい、でもおしゃぶりは健全な発育を阻害し、健やかな眠りを妨げるので要注意。赤ちゃんは、あまり深く眠るとＳＩＤＳで死んでしまいます。

いやはや、アヴァ・ネイヤーさん、身につまされます――と言えば嘘になるだろう（私に子はなく甥がいるだけで、育児についてはせいぜい甥にどんなプレゼントを買ってやるべきかと母に聞いたことくらいだ。「トラックのおもちゃを買ってやりなさい」と言うからそうしたが、それから4年間、甥は私にそのことでずっと礼を言い続けた）。

とはいえ私も育児書を渉猟して、データに基づいた育児の秘訣を調べた。当たり前すぎるものでも物議を醸すものでもない助言はないのか？　両親が迫られる難しい判断に、科学は何か助けになるのか？

生後1年間の1750件の疑問、またはその後も続く膨大な疑問に対する、科学的に完璧な回答はない。しかし、科学的な検証を経た2つの非常に重要な、とはいえ当たり前とは言えない育児の教訓ならある。

**教訓その1**　親の判断の影響は思ったほど大きくない。つまり育児判断の大半について親は気に病み過ぎている。

**教訓その2**　とはいえ、ある極めて重大な判断もあり、多くの親はそれを誤っている。ここでデータが教える良き判断を下すだけで大半の親よりはるかに良い育児をしたことになる。

この2つの教訓とその助言を順に見ていこう。

## 育児の全体的な影響

最も重要な疑問から始めよう。親はどこまで重要か？　良き育児によって、世間並の親よりも子供の人生をどれくらい良くしてやれるのか？

3つの世界を考えてみよう[6]。

**世界① 偉大な親が客室乗務員候補を歯科衛生士にする世界**

この世界では、偉大な親が中収入（年収5万9000ドル程度。客室乗務員や配管工など）に収まりかねなかった子供を、それより若干上の7万5000ドル程度（公認看護師や歯科衛生士）が得られるようにしてやる。

**世界② 偉大な親が客室乗務員候補をエンジニアにする世界**

この世界では、偉大な親が中収入（年収5万9000ドル程度。客室乗務員や配管工など）に収まりかねなかった子供を、中流の上にあたる年収10万ドル程度（エンジニアや判事）が得られるようにしてやる。

**世界③ 偉大な親が客室乗務員候補を脳外科医にする世界**

この世界では、偉大な親が中収入（年収5万9000ドル程度。客室乗務員や配管工など）に収まりかねなかった子供を、年収20万ドル程度（脳外科医や精神科医）の高額所得が得られるようにしてやる。

多くの人は我々が世界2か3に生きていると考える。経験豊かな親なら、どんな子供にも、社会経済学的階層を2、3段上がらせてやれる、と。

そして一部の親が、素晴らしい子供を育て上げていることは疑う余地がない。ベンジャミンとマーシャのエマニュエル夫妻とその3人の子アリ、エゼキエル、ラームが良い例だ。

▼アリはハリウッドの大物エージェントになり、HBOの連続ドラマ『アントラージュ★オレたちのハリウッド』のアリ・ゴールド役のモデルでもある。

▼エゼキエルはペンシルベニア大学の教務担当副学長。

▼ラームはバラク・オバマ政権の首席補佐官でシカゴ市長（現　駐日米国大使）。

言うなればベンジャミンとマーシャは、3人の子らを実業界、学界、政界の最上級層まで押し上げたのだ。

このエピソードを読んだ一部のユダヤ人読者が何を考えているのかは察しが付く。「確かにみんなすごい出世だ。でも、医者がいないのでは？」

古いユダヤのジョーク（本書では山ほど出てくる）に曰く「初めてユダヤ人が大統領に選ばれた。就任式で母親はお歴々と共に列席していた。やがて息子が就任の宣誓をしているとき彼女は叫んだ。『見てちょうだい、いま宣誓している子の弟は医者なのよ！』」

だが心配はいらない。エゼキエルは学術界でのキャリアに加え、腫瘍専門医なのだ。

エマニュエル家の育児の成功をめぐっては、エゼキエルが兄弟の生い立ちを書いた『ブラザーズ・エマニュエル』(未訳)という本に学ぶこともできる。[*]

同書によると、エマニュエル家では日曜日、大半の家がシカゴ・ベアーズの試合でも見ている時に文化に浸っていたという。シカゴ美術館やミュージカル観劇などだろう。息子たちが空手や柔術を習いたいと言い出した時、母親はそんなことよりバレエを習いなさいと言った。3人ともそのことで友人たちからあざけられたが、今ではこの経験が規律、品位、物おじしない性格を作り上げたと思っている。

エマニュエル家の経験からの教訓と思われるのは、文化的であれ、異質であることを恐れるな、である。他の子たちにからかわれてもタイツを穿かせるのだ。

だが実際、子らがどれだけ栄達したと言っても一家族だけでなにがしかの育児戦略を正当化できるわけではない。そしてエマニュエル家の教訓の反証を見つけることもたやすい。[7] たとえばデイル・ファーンズビーのように。[**] 彼はQ&Aサイトのクオーラで、息子にバレエを習わせるべきかどうかについて問うある母親の投稿に返信した。子供のころ母親に様々な文化的な習い事を強制されて嫌だった、そのせいでいじめに遭った、などだ。そのために自己主張やアイデンティティを持つことは許されないのだと思うようになり、それが自己肯定感の低さや自己主張ができ

* Q=子供たちがみな出世して大金持ちになった家族は、その後何をするのか? A=その顚末について売れ筋の本を書き、ますます金と名声を得る。

** プライバシー保護のため仮名。彼はその後ほどなくして投稿を削除したようである。

ないこと、母親への恨みにつながったという。

親が子に及ぼす影響をめぐる問題点の一つは、逸話一つで事足れりとはならないことだ。エマニュエル家とファーンズビー家のどちらの教訓を汲むべきか？

親の影響をめぐっては他にも問題がある。**相関関係すなわち因果関係とは言えない**ことだ。前世紀の大半を通じて、学者たちはそこそこの規模のデータベースを分析して、育児戦略と子供の成育ぶりの相関性を探り、様々な発見をした。こうした相関性のいくつかはジュディス・リッチ・ハリスの秀作『子育ての大誤解』にまとめられている。たとえば、子供によく読み聞かせをしてやるとえてして学力増進につながる、などである。

だがこうした相関関係のどれだけが因果関係なのか？　ここには別の大きな要因——遺伝——が絡んでいる。親は子供を美術館に連れて行ったりバレエのレッスンや本を与えてやったりするだけではない。ＤＮＡも与えているのだ。本の読み聞かせと子供の学業成績の相関を考えてみよう。子供が勉強好きになったのは両親が本を読み聞かせたためか？　それともその親子は共有する遺伝子のために共に書籍や知識に惹かれるのか？　氏か育ちか？

人の成育における遺伝の力を示す話は多い。別々の里親に育てられた一卵性双生児は遺伝子は同じでも生育環境は異なる。たとえばジム・ルイスとジム・スプリンガー[8]は生後4週間で別々の家庭に引き取られた。39歳の時に再会してみると、2人とも身長１８３センチ、体重は82キロだった。いずれも爪を噛む癖があり、緊張性頭痛が持病だった。子供の頃それぞれオス犬を飼っていて、名前はどちらもトイ。家族旅行もフロリダの同じビーチへ。ともに警察にパートタイムで勤め、ビールの好みはミラー・ライト、煙草はセーラムを吸っていた。だが2人のジムには顕著な違いが一つあった。第一子に異なるミドルネームを授けていたのだ。ジム・ルイスは長男をジェームズ・アラン（Alan）、一方、ジム・スプリンガーはジェームズ・アラン（Allan）と名付けたのだ。

ルイス氏とスプリンガー氏がついぞ没交渉なら、こうした好みの一部は里親の影響が大きいと思ったことだろう。しかしどうやらそれは、おおむね遺伝によるもののようだ。

養子育ちのスティーブ・ジョブズも27歳の時に、妹のモナ・シンプソンに初めて会い、遺伝子の重要性に目覚めた。彼は2人の類似性に驚き、それにはいずれもが創造性の世界でトップにのし上がったことも含まれていた（シンプソンは受賞歴のある小説家）。ジョブズは『ニューヨーク・タイムズ』に「かつては『育ち』派だったが、一転して『氏』派になった」[9]と語っている。

エマニュエル家の物語は一見、良き育児の力を示しているようにも見えるが、そこにはどんでん返しが潜んでいるかもしれない。父ベンジャミンと母マーシャは3人の実子を得たのち、ショーシャナという4番目の子を里子にした。彼女も同じように文化的刺激を受けたが、兄弟とは遺伝子が違い、同じほど出世はしなかった。*

---

＊　次章では遺伝子と成功についてさらに掘り下げ、それを活かす方策を考える。

育児の子供への影響を知る何らかの科学的な方法はないのか？　親の子供への影響を調べるには、親子関係を偶発的に作り上げ、あげく子供がどうなったかを調べる必要がありそうだ。そしてそんな研究はされている。育児が子に及ぼす全般的な影響についての初めての説得力ある資料は、朝鮮戦争のドキュメンタリーから生まれた。

１９５４年、オレゴン在住のハリーとバーサのホルト夫妻[10]は６人の子持ちだった。ある日彼らは、なじみのないテーマのドキュメンタリーを観た。コリアンＧＩベイビーについての番組だ。朝鮮戦争の戦争孤児らを描いたもので、彼らは孤児院で愛情も食料も不足した環境にあえいでいた。ホルト夫妻の反応は一般的な視聴者のそれとは違っていた。すぐにでも韓国に飛び、一人でも多くの戦争孤児を引き取ろうとしたのだ。

だがこの大志に法律の障壁が立ちはだかった。当時の米国法では、外国人の養子は最大２人までと決まっていたのだ。

だが障壁はほどなく打倒された。ホルト夫妻は議員に法改正を陳情し、議員らもその善意にほだされた。ホルト夫妻は韓国に行き、すぐさま８人の孤児を連れて帰ってきた。今やホルト家は16人家族になったのだ！

すぐに報道機関がホルト家の物語に目を付け、ラジオ局、新聞社、テレビ局が押し寄せた。すると朝鮮戦争のＧＩベイビーの番組を見てこの問題を知ったホルト家よろしく、多くの米国家庭がホルト家の報道を通じてこの問題を知った。そして彼らも戦争孤児を引き取りたがり、こうして里親希望の家族が続々と現れた。

それが外国人の養子を斡旋する財団ホルト・インターナショナル・チルドレンズ・サービセス創設につながった。この財団のおかげで、やがて3万人以上の韓国人児童が米国に養子として渡った。里親たちは申請が認められると、偶発的に順番が来た子供を引き取った。

さて、この物語と育児の科学の関係を説明しよう。ダートマス・カレッジの経済学者ブルース・ササードートは、ホルト・プログラムの話を聞きつけた。多くの米国人と同様、彼も行動に駆られた。そこで……回帰分析することにした。

ホルト財団の里親と里子の引き合わせ方は、事実上ランダム（偶発的）である。つまり親が子に及ぼす影響を調べやすい。同じ里親に引き渡された（生母の異なる）複数の里子たちを比べられるからだ。生育環境の影響が強ければ強いほど、遺伝子の異なる里子きょうだいは同じように育つはずである。そして実子研究の場合と違い、ここでは遺伝的な影響を考える必要がない。

ホルト財団とササードートは、同じ財団をそれぞれこう評している。

まず、ホルト・インターナショナル・チルドレンズ・サービセス自体は「最悪の状況に光を投げかけ、脆弱な家族を力づけ、孤児の世話をし、里親の子探しを手助けする」組織と自称している。

いっぽう経済学者ササードートによる同財団評はというと……

里子をランダムに里親にあてがうことで、孤児の生母の教育水準と里母親の教育水準の相関関係は消滅する。そのためβ1は（1）の第1及び第3タームの欠落によりバイアス（偏り）を受けることがない。

片や「最悪の状況に光を投げかけ」と称し、こなたは「β1は（1）の第1及び第3タームの欠落によりバイアス（偏り）を受けることがない」と言う。そして私は、どちらも正しいと思う！

ともあれバイアスを受けないβ1は何を教えたか？　たいていの場合、里親が里子の生育に及ぼす影響は驚くほど小さいということだ。同じ里親をランダムにあてがわれた孤児きょうだい同士のその後の生育ぶりは、別々の家に引き取られた里子たち同士のそれよりも、ごくわずかに近似していたにすぎない。

先に、親が子供に与えてやれる影響について、3つの世界が考えられるとしたことを思い出してほしい。ササードートの研究[11]は、私たちは世界1すなわち親の影響は限られている世界に住んでいることを示している。彼の研究によると、子供の成育環境における標準偏差が1上がるごとに、成人後に得られる収入は26％上がる。捨て置けない数値だが、社会的階層を何段も上がれるというほどではない。さらに彼の結論は、遺伝（血筋）は生育環境よりも子供の将来収入に2・5倍も強く関わっているというものだ。

ササードートの研究は育児の影響が驚くほど限られている証拠の一端に過ぎない。里親研究は他にもあまたある。さらには氏と育ちの影響を分離する妙案もあり、次章で詳しく扱う。

いずれにせよこうした研究の結論は大同小異に収斂する。ブライアン・カプランは著書『もっと子供を持つべき利己的な理由』（未訳）で述べている。「双子と里子の研究からは、育児の長期的な影響は驚くほど小さいことがわかっている」

衝撃的かもしれないが、先進的な科学的証拠が裏付ける通り、両親は次の事々について子供にごくわずかな影響力しか持っていない。

▼期待余命
▼健康全般
▼教育
▼信仰心
▼成人後の収入

だが次の事にはほどほどの影響力を持っている。

▼入信
▼麻薬や酒の濫用、性的行動とくに10代におけるそれ
▼子供が親をどう思うか

だが教育や収入について、両親が膨大な影響を及ぼす極端な例もある。億万長者のチャールズ・クシュナーはハーバード大学に250万ドルを寄付した。そのためか同校は、GPA（内申書の平均成績）やSAT（大学進学共通試験）の点がとても低いにもかかわらず、息子のジャレド（ドナルド・トランプの娘婿で上級顧問を務めた）を合格させた。さらにこの親は、実入りの良い不動産事業も息子に譲っている。[12] もしジャレドが別の父親のもとに生まれていたら彼の学歴や資産ははるかに良かっただろう。差し出がましいようだが、もし不動産帝国を引き継いでいなかったら、推定8億ドルの資産もずっと大きかったと思う〔訳注／いずれも皮肉〕。とはいえデータが示唆するところ、平均的な親（ハーバードに何百万ドル寄付するかの代わりに子供に何冊読み聞かせてやるかを思い悩む親）が子供の学歴や将来収入に及ぼす影響は、ごく限定的だ。

もし育児の影響が思ったより小さいのなら、あれこれ思い悩んでも大した違いはないことになる。膨大な育児判断を正しくこなしても子供の将来収入をせいぜい26％増やしてやれるだけであるなら、個々の判断など取るに足らないともいえる。

実際、一流の研究群は――その多くはエミリー・オスターの重要な著作群で議論されている

が――論争のたえない育児法にさえさしたる効果を認めていない。たとえば……

▼母乳の影響を調べた唯一の無作為比較対象試験[13]では、母乳保育が長期的に子供の成育に与える影響は見出せなかった。

▼テレビ視聴の影響を厳密に調べた研究[14]では、テレビ視聴は長期的に子供の試験成績に影響していなかった。

▼厳密な無作為試験の結果、チェスのような認知能力に負荷を与えるゲームが子供たちを長期的に賢くするという結果[15]は得られなかった。

▼バイリンガル教育についての厳密なメタアナリシス[16]（複数の既存研究の統合分析）の結果、それが子供の多面的な認知能力に与える影響は小さく、それさえも好影響を報告したいという偏向のせいかもしれなかった。

バレエのレッスンを受けさせるべきかどうかをめぐるエマニュエル／ファーンズビー論争については、あるメタアナリシスでは、ダンス教室に参加することが不安を軽減する「限定的な証拠」[17]が得られたとするが、この結論さえ、メタアナリシスに組み込んだ研究の「調査方法の質の低さ」のためかもしれず、「扱いに注意を要する」としている。

耳目を集める華々しい研究は後を絶たないが、慎重に設計された研究群を調べれば、両親がくよくよする育児の判断の大半は、子供にさしたる影響力はないとわかる。要するに両親の決断の大半は思ったより重要ではなく、教育産業が両親に吹き込むほどの影響力はないのだ。

カプランはこう語る。

もしあなたの子供がまったく別の家庭で育っても——あるいはあなたが全く別の保護者に養育されても——結局、今のようになったはずだ。最高の親になろうと焦る必要はない。むしろ子供なんて好きなように育てればいい。気にすることはない。それでちゃんと育つのだ。

あるいはカプランが著書で章名にしているように、数十年来の社会科学研究に基づいて両親に助言するなら「くよくよするな」。

だが私はそれを、カプランが前掲著書を上梓した2011年の科学的な育児法と言いたい。それ以降も、育児が子育てに及ぼす影響、育児の判断の影響など大したことはないと示す証拠は積みあがっている。しかしここにある重要な情報更新がある。両親が下すとある決断は、抜群に重要でより深い検討に値するのだ。

私なら親御さんにこう助言する。「くよくよするな……ある一つの選択を除いては」

## 地域の影響

Asiyefunzwa na mamaye hufunzwa na ulimwengu.

これは私の好きなアフリカの諺《ことわざ》。このスワヒリ語を訳すと、「子供を育てるには村が必要だ」となる。

面白いなと思った読者のために、他にも私の好きなアフリカの諺をあげておこう。

▼雨はある一家だけに降るわけではない。
▼誰もがシマウマを捕まえられるわけではない。だが捕まえるのはそれを追いかけた者だ。
▼どんなにカッカしても、それで煮炊きができるわけではない。

閑話休題、「子供を育てるには村が必要だ」に戻ろう。

1996年、当時ファーストレディーだったヒラリー・クリントンはこの諺を著書のタイトルに採用した〔訳注／原題は*It Takes a Village*、邦題は『村中みんなで』〕。その主旨は、子供の暮らしは近所に住む多くの人々――消防士、警察官、郵便配達人、清掃作業員、教師やコーチ等々――によって形作られるというものだ。

一見すると、これも野心的な政治家の「キレイごと本」の一つと思われた。ジョン・F・ケネディが１９５６年に出した『勇気ある人々』、１９８７年にジョージ・Ｈ・Ｗ・ブッシュが出した『ルッキング・フォワード』（未訳）、ジミー・カーターが１９７５年に出した『ホワイ・ノット・ザ・ベスト？』（未訳）などのように。

しかしクリントンの本が出版された数か月後、１９９６年の大統領選共和党候補ボブ・ドールが、世間が当時ファーストレディーに抱いていた反感をてこに、この本の当たり障りのなさそうな主旨をやり玉にあげた。地域の人々を買いかぶることで、両親が子供の成育に与える影響とその責任をないがしろにしている、暗に家族の価値を貶《おとし》めていると責め立てたのだ。彼は共和党大会で舌鋒鋭くぶち上げた。「はばかりながら、子供を育てるために村など必要ない。育児に必要なのは家族です」[18]聴衆はやんやの大喝采だった。あろうことかこの１９９６年共和党大会の白眉は、美しく感動的なアフリカの諺への攻撃に終始したのである。

では正しいのは誰か？　ボブ・ドールかアフリカか？

データ志向の学者たちは42年もの間、この問いに肩をすくめるばかりだった。いずれの説を支持する決定的研究もなかった。問題はまたしても、因果関係を証明することの難しさだった。

確かに特定の区域はより多くの成功者を生んでいる。[19]前著でも触れたが、ミシガン州ウォシュテナウ郡（ミシガン大学アナーバー校がある）に暮らすベビーブーマーの８６４人に１人はウィキペディアに採録されるほどの業績を上げている。一方でほぼ農村地帯であるケンタッキー州ハーラン出身でウィキペディア入りするのは３万１１６７人に１人だ。だがその差がどこまで大学教授他のアッパーミドル階級世帯の子が優秀で野心的であるためなのか、その子らがケンタッキーの片田舎出身でも同様に栄達したのかは明らかではない。そもそも各地区には別々の人々が住んでいるのであり、特定の地区が住環境を通じて子供の力を伸ばしているかどうかなど知りようもないとも思われる。

だからおよそ5年前まで、この問いに対してはせいぜい肩をすくめて見せるしかなかった。経済学者ラジ・チェティがそれに取り組むまでは。

ラジ・チェティは天才である。私の評はさておきマッカーサー財団もそう言うなら信じるだろう。2012年、同財団はチェティに「天才助成金」を授与した。2013年には40歳未満のベスト・エコノミストとしてジョン・ベイツ・クラーク・メダルも受賞している。2015年にはインド政府から国家最高栄誉パドマ・シュリーを授与された。経済学者タイラー・コーエンもチェティを「今日の世界で最も影響力ある経済学者」と称している。

つまり誰もがハーバードで3年で学士号を取り、その3年後には博士号を取得し、今もハーバードとスタンフォードを往来して教授する彼を傑出した存在と認めている（チェティはハーバードで私の博士課程の指導教授でもあった）。

少し前、チェティのチーム（ナサニエル・ヘンダレム、エマニュエル・スエズ、パトリック・クラインら）は、内国歳入庁（ＩＲＳ）から、匿名化した全米国人の税務申告データを与えられた。こうして税務申告する親と子のデータをリンクすることで、子供時代の各年をどこで暮らしていたか、そのあげく成人後にいくら稼げるようになったかを分析できるようになった。たとえば子供時代の最初の5年間をロサンゼルスで過ごし、その後はコロラド州デンバーで育ったという成育歴がわかる。しかも全米国人についてである。稀有な才人が稀有なビッグデータを手にしたのだ。

この膨大なデータの宇宙は地域が子供に与える影響を知る上でどう役立つのか？　様々な場所で生まれ育った人の成人後の収入を比較するというのは野暮なやり方だ。それでは地域と将来収入の相関性は確認できても、因果関係かどうかがわからない。

ここでチェティの知恵——マッカーサー財団に言わせれば天分——がものをいう。彼らは子供の頃に転居したきょうだいのデータを抜き出した。元々のデータが巨大なので、そんなサブセットを抜き出しただけでも大きなデータが残った。

このデータベースと地域の影響の因果性を説明しよう。

子供2人を持つジョンソン家、そしてロサンゼルスとデンバーという2つの街を仮定する。長女がサラ、次女がエミリーだ。サラが13歳、エミリーが8歳の時、一家はロサンゼルスからデンバーに引っ越した。そしてロサンゼルスよりデンバーの方が育児に向いているとする。この場合、エミリーはサラよりもうまくやれるようになると考えられる。子育てに向くデンバーの街で子供時代を5年間長く過ごせるからだ。

もちろん仮にこれらの仮説が全て正しかったとしても、エミリーが将来サラよりも豊かになるとは限らない。サラには他の強みがあり、それでデンバー暮らしが5年短いという弱みを克服できるのかもしれないし、元々サラの方が優秀でデキが良いのかもしれない。*

しかし、こうした転居経験者のデータが万単位で集まれば、そんな個人差も一般的傾向へと均《なら》されていく。2人以上の子供がいる家族は、転居するたびに2つの地区の育児力を試験する機会を生んでいるようなものだ。転居元の方が育児に向いていたら、そこでより長く過ごせた上の子の方がよく育つ。転居先の方が育児向きなら、逆に下の子の方がよく育つ。

これもやはり絶対ではないが、十分に多くの転居者データが集まれば、子育て向きの地区と向かない地区の差は、年長の子と年少の子の差として組織的に浮き彫りになる。

さらに、両親が同じで遺伝的能力も同じなら、年長と年少の子に一貫した差をもたらしているものは、生育した地区の差だと確言できる。全納税申告者データの宇宙に優れた数学的分析を施せば、米国の全地区の育児力データが得られるのだ。

さて、この分析結果やいかに？　まず巨大都市地区の分析から見てみよう。いくつかの大都市は一貫して子供たちの収入を伸ばしている。こんな地区に転入したら、いずれ刑務所入りする確率は低くなり、より良い教育も受けられ、より多く稼げるようになる。チェティらのチームは、

＊　記述が不公平と思うなら、この姉妹が架空の存在であることを思い出してほしい。

**スーパーメトロ**

| | ここで育った人の成人後の平均収入（平均的な場所との比較） |
|---|---|
| ワシントン州シアトル | 11.6％ |
| ミネソタ州ミネアポリス | 9.7％ |
| ユタ州ソルトレイクシティ | 9.2％ |
| ペンシルバニア州リーディング | 9.1％ |
| ウィスコンシン州マディソン | 7.4％ |

出典：The Equality of Opportunity Project

最も子育てに向いている大都市（スーパーメトロ[20]と呼ぼう）に住めば、子供の将来収入を最大で約12％増やしてやれることを発見した。

上の表は、平均して最も子供の収入を伸ばせる5大都市である。

つまり両親にとっては、育児にうってつけの都市だ。だが都市を選べば終わりではない。その中の地区まで選び抜く必要がある。

チェティらも、同じ大都市内でも際立って子供をうまく育てている地域[21]と劣る地域があることまで明かしている。さらに特定の地区では特定の人口集団がより良い結果を享受していることもある。

チェティらは、納税申告データを使って全米の全地区を対象に育児の向き不向きを、子供の男女別、人種別、社会経済学的地位別に分析した。

その結果、同じ大都市でも地区によって子供の収入を伸ばせる度合いは劇的に異なっていた。

低所得世帯育ちの子供の35歳時点での期待世帯収入

たとえばシアトルについて国勢調査の地域ごとに子供の成育ぶりをより深く分析した結果、低所得世帯にとっては、ノース・クイーン・アン地域が育児向きである一方、ウエスト・ウッドランド地区はさにあらず。全体を総覧すると、地区の育児力偏差値が1ポイント上がるたびに、そこで育った子供の将来収入は約13％ずつ上がっていく。[22]

チェティらはhttps://www.opportunityatlas.orgというウェブサイトを立ち上げ、世帯所得別、性別、人種別に将来の期待収入の点で有利な地区を調べられるようにした。

上の図は、低所得層の両親を持つ男児の将来の期待収入をシアトルの居住地区ごとに表したものだ。

## 何より大切なのは住まう地区

ササードートらの育児が子に及ぼす効果の研究

結果と、チェティらの地区が持つ育児への影響力についての研究結果を見比べると面白いことがわかる。だがそれは微妙なものだ。

様々な里親にランダムに引き取られていった孤児たちのその後を追跡したサザードートらの研究では、良い里親を持った子供たちの将来収入は約26％伸びるとされていた。良い里親とは、育児をめぐる様々な判断――どこに住まうかなど――を含んでいる。

チェティらの研究では、家族が転居して子供が人格形成期を別の地区で過ごした場合を調べている。他の要素はすべて同じ。その結果、同じ親子が育児向きの地区に転居するだけでサザードートらの研究で明かされた「良い里親」が里子に与えてやれる将来収入の増加分のかなりの部分が説明できるとわかった。

両研究が正確だとすると（実際、とても精密なものだ）、**育児をめぐる最も重要な判断はどの地域に居を構えるかだ**、ということになる。換言すると、両親が下す数千もの決断の中でこれだけが際立って重要なのだ。

実際、様々な数値を総合しての私の推計では、両親が子供に与える影響のざっと25％[23]――それ以上かもしれない――は、どこに住むかによる。この判断が、他の数千もの育児判断よりもはるかに重要なのだ。そしてそれほどまでに重要な判断であるにもかかわらず、住まい選びは育児啓発書ではあまり重視されていない。ネイト・ヒルガーは著書『親を待ち受ける罠』（*The Parent Trap*）で、トップ60にランクされる育児書で子育ての場所に言及しているものは1冊もないと記している。

育児において居住地区がそれほど重要であるなら、住むべき場所に共通する特徴は有益な情報に思われる。チェティらはそれを次のように整理している。

## 偉大な地区はなぜ偉大なのか？

チェティらは育児向きの地区と不向きな地区のランク付けを完成させると、それと他の地域関連データを照らし合わせて、良き育児場所の最大の特徴は何かを探った。その結果、子供の成育向きな地区に特徴的な限られた変数群を見出した。

推理好きなら当ててみてほしい。次にあげる8項目のうち3項目は子供を伸ばすが[24]5項目はそれほどあてにはならない。

### 子育て向きな場所の何よりの特徴となる3項目はどれ？

▼高収入な雇用機会がある
▼住民の大卒者割合が高い
▼雇用が急成長している
▼地区の生徒／教師の人数比
▼学校が地区の学生1人当たりにかけている費用

▼二親が揃っている世帯の比率
▼国勢調査票の提出率
▼人口密度（都市部か、郊外か、農村部か）

さて最も育児に成功しやすい地区の3つの特徴はこれだ。

▼住民の大卒者割合が高い
▼二親が揃っている世帯の比率
▼国勢調査票の提出率

推測が当たった人も当たらなかった人も、これら3項目に共通すること、そして何が育児向きの地区を生むのかについて、考えてみてほしい。

いずれもがその地区に住む成人に関わっている。大卒者は全般的に優秀で成功している。二親が揃っている家庭は総じて安定している。国勢調査票をきちんと提出する人々は能動的な市民であることが多い。

これが示唆するのは、**何より周囲の大人こそが子供の行く末を大きく左右しているということだ。**もちろん地域の大人の質と子供の成育の相関は、それだけで大人が子供の将来を決める原因であると証明しているわけではない。だがチェティらのさらなる研究によると、生育地の民度が高いと子供たちを大きく伸ばしてやれる、という。実際、良きロールモデルになるような大人が周囲にいることは、良い学校や経済活況よりも影響が大きいようである。

## ケース1　女性発明家というロールモデル[25]

チェティらは、「米国で発明家になるのは誰？　イノベーションに触れる重要性」と題した研究で、様々なデータセット――納税記録、特許データベース、試験成績データなど――を組み合わせて、いずれ卓越した科学的業績を上げるようになる子供の予兆になるものは何かを探った。研究結果にはすんなりと腑に落ちるものもあった。幼少期の試験結果が優秀な子は、後に発明者として成功していた。子供の頃に算数の成績が良かった子は、成人して特許を持つ率が高かった。

残念かつ予想のつく結果だが、子供の性別や社会経済学的出自は、発明家として成功する可能性に影響していた。子供の頃の試験で同程度の成績でも、アフリカ系や女児は白人や男児よりも、いずれ発明家として成功する率が低かった。

だがある要因は、子供が将来、発明家になるかどうかに驚くほど大きく影響していた。子供の頃に近所にいた大人たちである。子供の頃に、発明家の大人が大勢いた地区に転入すると、その子がいずれ発明家になる率は高まる。しかもこの効果は、周囲の成人発明家の専門分野に集中していた。すなわち医療機器を発明した人々が多く住む地域に転入した子供は、やはり医療機器の発明家へと成長することが多いのだ。

驚くべきことに、成人発明家のそばに住む影響は、特定の性別に効果がある。女児の場合、女性発明家のそばに住むにつれて、女性発明家になる率が高まっていく。だが女児が男性発明家のそばに住むようになっても、影響はないのだ。

多くの成功した女性発明家に囲まれて育った女児は、それなら自分もと挑戦し、えてして成功するのだ。娘を発明家に育て上げたいのなら、最も見込みのある一つのやり方は、できるだけ若いうちに女性発明家のそばに引っ越すことである。

## ケース2　黒人男性のロールモデル[26]

チェティらは、黒人の社会的流動性（子が親の代より出世し豊かになるか）についても調べている。悲しいことに、米国社会では黒人男性は白人男性よりも社会的流動性が低い。次の図は、両親の収入が同水準の場合、黒人男児は白人男児よりも成人後の収入が著しく少ないことを示している。

黒人男性は米国のどこにおいても社会的流動性が低いが、健闘している地区もいくつかある。たとえばニューヨーク市のクイーンズ・ビレッジとシンシナティ市のウエストエンドを比べてみよう。前者では、25パーセンタイル値（全データの25％がこの値以下に存在する点。つまり収入別に見て下から4分の1の収入）の所得の世帯に生まれた黒人男児は、やがて55・4パーセンタイル値の収入を得られるようになる。一方ウエストエンドでは、同じく25パーセンタイル値の所得の親の元に生まれた黒人男児は31・6パーセンタイル値しか稼げない。

この居住地域における出世の違いはなぜ生じるのか？

忌まわしくも腑に落ちる変数がある。人種差別である。チェティらの研究班は、地区ごとの人種差別をめぐる様々なデータ（地区別の人種差別的グーグル検索件数を含む）は、アフリカ系米国人男性の出世と反比例していることを突き止めた。私も前著で、グーグル検索を用いて米国の隠された人種偏見を浮き彫りにした。これも今日の米国社会における人種偏見の懲罰的重荷の一例と言える。

だが他にも黒人男性の行く末に大きな影響を及ぼす意外な要素が見つかった。手本・見本になる大人の存在である。黒人男児の出世具合については、周

**人種別にみる親子の収入**

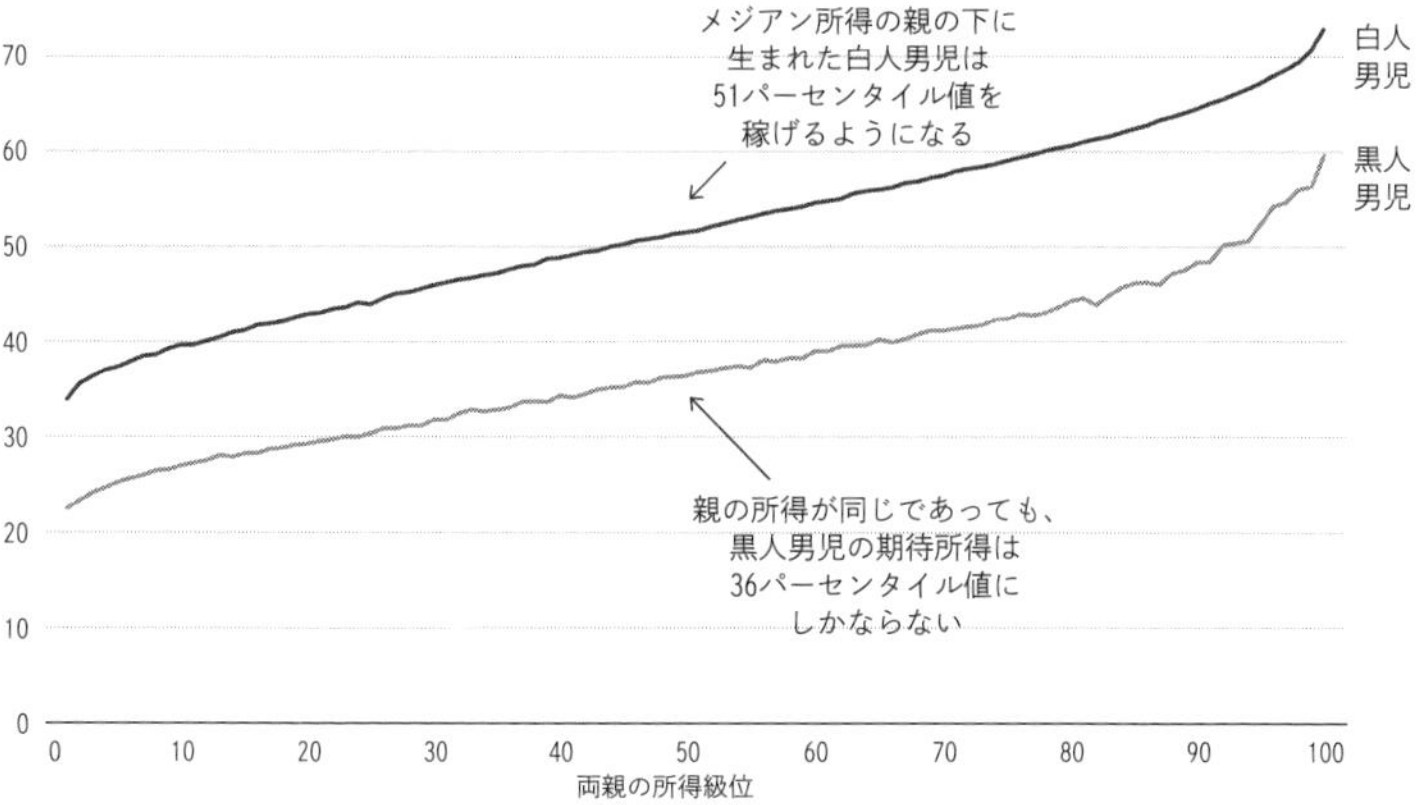


出典：Opportunity Insightsのデータに基づきDatawrapperで作成。

囲に何人の黒人の父親が住んでいるかが最大の予兆になるとわかったのだ。またもニューヨーク市のクイーンズ・ビレッジとシンシナティ市のウエストエンドの例に戻ろう。前者では56・2％の子が父親のもとに育つが、後者ではその率は20・5％に過ぎない。

しかも黒人男児にとって父親がそばにいることとの重要性は、実父の場合にとどまらない。実父と一緒に暮らしていない黒人男児でさえも、クイーンズ・ビレッジのような黒人の父親の多い地域で育った方が、はるかに上手くやっていけるようになるのだ。

## 成人ロールモデルはなぜそんなに重要なのか？

どの女児が科学者の道を目指すか、どの黒人男児が人種差別の重荷を逃れられるのかといったことにおいて、規範となる大人が周囲にいることはどうしてそれほど重要なのか？　実の両親の影響がえてしてして驚くほど小さい一方で、親でもない成人ロールモデルの影響がとても大きいことに、どう折り合いを付けたらいいのか？

一つ考えられるのは、子供の親に対する感情がとても複雑であることだ。親に反抗し、親の来し方の正反対をやろうとする子供は多い。あなたが高学歴で良き市民であったとする。子供はあなたの後に続こうとするかもしれないし、逆に自分なりの道を模索しようとするかもしれない。

しかし子供と周囲の他人の成人との関係は、それほど複雑ではない。エディプス・コンプレックス（男児が無意識に母親を慕い父親を嫌う傾向）もエレクトラ・コンプレックス（娘が父親に抱く無意識の性的思慕）も、近所の大人たちには関係ない。周囲の大人たちを見本と考え、彼らを見習う可能性が高いのだ。

どんな親にとっても、子供のしつけはままならない。だが子供というものは、目にする他の大人たちに従おうとするのかもしれない。

## 子供に正しい大人のロールモデルを与えてやるには

本章の結果の中には意外なものも多かったのではないか。子供に最大の影響を与えているのは両親と思っていた人もいるかもしれない。シアトルに住もうがロサンゼルスに住もうが子供の将来所得に大差はあるまいと思っていた人もいるだろう。自分の娘が近所のあのご婦人に触発されるとは夢にも思わなかっただろう。

そしてこれらの研究結果は、良き育児に重要な教訓を含んでいる。実際、子育ての最大の発見2つは、異なる含意を帯びている。

まず、養子研究などで見出されたように、親は大した影響力など持っていないのだから、育児をめぐる判断の大半についてもっと気楽にやればよいということだ。

もし育児における判断に悩んで取り乱すことがあるのなら、ほぼ確実に気にし過ぎである。

実際、育児をめぐる判断の大半に対して、私はあえて、らしからぬことを言いたい――直感を信じよ、だ。直感は魔法のように正解へと導いてくれるからだというのではない。その判断が別にそれほど大したことではないからだ。思い通りにやればそれでいい。データはある意味で、単純な直感的判断を正当化している。それこそ真剣に育児している限り、これで十分と自信を持つべきだ。

だがデータは、もっと気を配るべきことがあるとも教えている。子供たちを近づかせる周囲の大人への目配りだ。あなたが子供の人生に最も大きく影響を及ぼせるのもこの点だ。

居住地区が及ぼす影響に気づいたなら、前述のhttps://www.opportunityatlas.orgで育児向きの地区を探すこともできる。

だがデータだけを参照して漫然と居住地を決めた場合でさえ、研究成果を生かすことはできる。要は子供を見習わせたい大人に引き合わせてやることだ。子供を感化してくれそうな大人がいたら、子供を会わせてやろう。人生を語ってもらい、助言してもらうのだ。

幼少期のロールモデルが子供の行く末に大きな影響を及ぼすことをめぐる逸話はこれまでも数多くあった。そして膨大な米国人のデータはそれを裏打ちしている。

## 次章の予告

膨大な納税記録データは、子供の将来所得を12％前後増やしてやれる方法の理解に役立った。だが子供をスポーツ界で成功させたかったらどうか？　この点でも、いくつかの新データが役に立ってくれる。

# 第3章　才能がなくてもスポーツ選手として成功するには？

子供の頃、将来は何になりたかっただろう？　私の場合、夢はただ一つと思い定めていた。プロスポーツ選手になりたかったのだ。[*]

私はスポーツに夢中で、心底のめり込んでいた。4歳のとき、父がプロバスケットボールのニューヨーク・ニックスの試合に連れて行ってくれた。マジソンスクエアガーデンで行われたジュリアス・アーヴィングの引退試合だった。近くに座っていたファンたちは、アーヴィングの戦績データを叫ぶ私に驚いたに違いない。こんな幼い子がスポーツにこれほど詳しいとは、と。過賞にあずかった私は、しかし心満たされなかった。私の野望はプロ選手になることであり、彼らについて膨大な知識をため込むことではなかったのだから。私はジュリアス・アーヴィング

＊　このことは前著『誰もが嘘をついている』でもNBA選手の出自をめぐる意外なエピソードなどと共に述べた。だがこれは私の人生にとって一大テーマなのだ。そしてそれについて調べ、綴ることは、心の慰めになるのである。

のフリースロー成功率を小数点以下4位まで覚えていたが、なぜ逆にジュリアス・アーヴィングが私のそれを諳んじるようにならなかったのか？

私の夢には、克服し難い障害があった。私にはスポーツの才能がなかったのだ。クラスで最も背が低く、鈍くさかった。実際、プレーでの得点も冴えなかった。

親友のガレットの存在は、私の逆境をいっそう明確にした。ガレットはクラスで一番背が高く、動きが敏捷で、体格も良かった。バスケをやっても私よりうまく、投球、打撃、捕球もうまく、サッカーでもランニングでもドッジボールでもボンゾゲーム（キャンプでやる球技の一種）でも、勝ちたい一心で私が休憩時間中に考案した自作ゲームでも、私よりうまかった。

わずか2ブロック先に住んでいる親友がこれらあらゆるスポーツで私に秀でているのなら、いったいどうすれば世界最高の存在になれるのか？　私は見込みなき野心家であり、ガレットだったらよかったのにと願うセスであり、オタクの肉体を持ったスポーツマニアだった。要するに、箸にも棒にもかからなかった……

……のか？

私の父ミッチェル・スティーヴンズはニューヨーク大の著名なジャーナリズム学の教授であり、深く同情してくれた。子供が何かになりたいと切望しながらそれを達成する見込みがないのは切ないものだ。そして彼は知力の限りを尽くして私を手助けしようとした。

スティーヴンズ家は背も低く、敏捷性に欠け、肉体的に恵まれないかもしれない。だが、我が

最近発掘された、データサイエンティスト（私）が幼少期の夢をかなえようと試み（そして敗れかけ）ていた雄姿。

家にはおツムがあるではないか！　ある日の午後、彼はオールドネイビーのパジャマのズボン姿でニューヨーク・ジェッツの試合を観ていて閃《ひらめ》いた。「キッカー［訳注／アメフトでキックオフやフィールドゴールを蹴るポジション］だ！　あれならそう難しくないだろう！」世界に通用する水準になるまで、とにかくキックを練習すればよいのだ。これでプロスポーツ選手になるという野望も達成できる。

計画は動き出した。

誇らしげな笑みをたたえた私たち親子は、スポーツ用品店モデルズに出向き、キックティー［訳注／プレースキックの際にボールを乗せる小さな台］を買った。

当初、ボールはほとんど飛ばなかった。だが私は根気よく練習を続けた。練習、そしてまた練習。昼夜を問わず、雨が降ろうが槍が降ろうが、私のキック練習は続いた。少年、キックティー、それに夢。

そしてこれこそ私が――ニュージャージーの郊外育ちの背が低くのろまなユダヤ人少年が――スタンフォードの大学公式フットボールチーム一軍の代表キッカーになった経緯なのである！

というのは嘘。そんなわけがない。数か月ほど練習を続けると、安定して7～8メートルほどボールを蹴飛ばせるようにはなった。そんな進歩が誇らしく、私はある日、ガレットを呼んでキックを披露した。彼は俺にもやらせろと言い、1発目で25メートル蹴飛ばした。

私はスポーツ選手になる夢をあきらめた。代わりに数学と作文の勉強に打ち込み、いつか誰かが私の代わりにスポーツ選手になる夢をかなえる助けになる分析で世界を目指すことにした。

科学ジャーナリストのデイヴィッド・エプスタインは、傑作『スポーツ遺伝子は勝者を決めるか？』を、スポーツ選手として秀でるために必要なものについてのとても重要な会話から始めている。多くの親や若者は情熱と努力が運動での卓越性につながると思いたがるが、おおむね遺伝子次第であることのエビデンスはいや増しているというのだ。

おそらくそれが最も明らかなスポーツはバスケットボールだろう。バスケに高身長が必要であることは言を俟《ま》たず、誰でもわかっている。だがそれがどれほど大切かは、わかっていないかもしれない。

実際、私をはじめ様々な人がそれぞれ別個に見出したところでは、身長が1インチ（約2・5

センチ）伸びるにつれＮＢＡ入りするチャンスはほぼ倍増する。身長１８２・５センチの人は身長１８０センチの人よりもＮＢＡ入りする割合が2倍も高いのだ。そしてこのパターンは身長分布に延々とあてはまる。１８８センチなら１８５・５センチの倍、２０７・５センチなら２０５センチの倍……。ずっと続くのだ。

この影響は大きい。身長１８２センチ以下の人がＮＢＡに手が届く確率は１２０万分の１だが、２１３センチ以上あればざっと7分の1になるのだ。

そしてエプスタインは、他にも様々なスポーツで理想的な体型——や遺伝的強み——があることを指摘している。世界的な選手たちは、遺伝的宝くじを引き当てたおかげで、そのスポーツに理想的な体格をしているのである。たとえば水泳の場合、理想的な体格は短足胴長だ。そのおかげで1キック当たりの推進力が高まる。水泳界を制する選手たちは、こうした体型を生む遺伝子を持っている傾向がある。中・長距離走の場合は逆に足が長い方が有利で、それは歩幅を広く取れるからだ。長距離走界を制する選手たちもやはりこうした遺伝子を持っている可能性が高い。

エプスタインは史上最高水準の戦績をあげた水泳のマイケル・フェルプスと、中距離走史上最高の選手の一人と称されるヒシャム・エルゲルージの体格の驚くべき対称性を指摘している。マイケル・フェルプスは身長１９３センチと、身長１７５センチのエルゲルージより18センチも背が高いが、2人の足の長さは同じなのである（エプスタイン流に表現すれば「2人は同じ股下のパンツを穿いている」）。フェルプスは短足で水泳界を支配し、[1] エルゲルージは長い足にものを言わせて中距離走界を制覇した。

この研究成果は、世界レベルのスポーツ選手を目指しながら世界レベルの遺伝子に恵まれなかった私たち一家のような多くの人々を意気阻喪させるかもしれない。中にはそんな研究成果を知って夢をあきらめる親子もいるかもしれない——世界中の遺伝的に恵まれた人々を相手に競争したってしょうがない、と。

エプスタインの著作は先駆的だが、スポーツ界に君臨するには何が必要かという議論の皮切りに過ぎない。確かに遺伝はその点で重要な役割を果たしているのだろう。

だが遺伝の影響も、競技の種類次第なのではないか？　まったく遺伝子次第な競技もある一方で、情熱や努力が報われる競技もあるのでは？　ある種のスポーツでは、たとえば私の父によるアメフトのキッカーについての仮説のように、必ずしも第一級の遺伝子を持っていない子供でも情熱と練習次第によってはどうにかなる分野もあるのではなかろうか？

もうちょっと後で、あるデータを披露する。競技によって遺伝が及ぼす影響が違うこと、必ずしも最高の遺伝子を生まれ持っていない子供たちにとって最適な競技とは何かを考える糸口になるデータだ。だがその前に、パトリック・オロークの研究データを紹介したい。これも最高の才能に恵まれていない若者たちが、それでも成功の確率を高めるにはどうすればいいかについてのものだ。オロークは遺伝的競争力を持っていない人向けのスポーツを探ったのではない。彼が調べたのは、競技者ごとにどれだけのスポーツ奨学枠があるのかだった。

## 大学進学への道？[2]

ある晩、公認会計士のパトリック・オロークは友人と夕食を摂りながら、息子の話をしていた。息子は高校の野球選手としていい線を行っていたが、大学のスポーツ奨学枠を得るには今一歩だった。友人はある助言をした。息子さんはラクロスに転向した方が良いのでは、というのだ。ラクロスの方が野球よりもずっと競技人口が少ないのだから、そんなスポーツに集中した方が大学の奨学枠に入りやすいのではないか、と。

オロークは興味を引かれたが鵜呑みにせずに、本書が紹介する英雄たちと同じくデータを収集し始めた。競技ごとに高校生の競技人口と大学のスポーツ奨学枠のデータをまとめたのだ。こうしてその競技選手の高校生のうちスポーツ奨学枠で大学に進学した人の割合に基づいて「楽に大学のスポーツ奨学枠が得られるスポーツ」の一覧を作った。

さてその結果やいかに？

友人の助言は大間違いだった。確かにラクロスをやる男子高校生は高校球児より少なかったが、大学のラクロス奨学枠も野球の奨学枠よりはるかに少ないのだ。ラクロス選手が奨学枠を取れる可能性は85分の1であるのに対し、野球は60分の1でちょっと高かった。

オロークはほかにも様々なことをデータから学び、ScholarshipStats.comというウェブサイトを立ち上げてそれを世界と共有した。最初にこのデータを検証したのがジャーナリストのジェイソ

**競技別の男子選手が大学のスポーツ奨学枠を得られる確率**

| 競技 | 高校生選手数 | 大学の奨学枠数 | 奨学枠が得られる率 |
|---|---|---|---|
| 体操 | 1,995 | 101 | 20:1 |
| フェンシング | 2,189 | 99 | 22:1 |
| アイスホッケー | 35,393 | 981 | 36:1 |
| アメフト | 1,122,024 | 25,918 | 43:1 |
| ゴルフ | 152,647 | 2,998 | 51:1 |
| アルペンスキー | 5,593 | 107 | 52:1 |
| ライフル射撃 | 2,668 | 47 | 57:1 |
| バスケットボール | 541,054 | 9,504 | 57:1 |
| 野球 | 482,629 | 8,062 | 60:1 |
| サッカー | 417,419 | 6,152 | 68:1 |
| 水泳／飛込 | 138,373 | 1,994 | 69:1 |
| テニス | 191,004 | 2,417 | 79:1 |
| ラクロス | 106,720 | 1,251 | 85:1 |
| クロスカントリー(スキー) | 252,547 | 2,722 | 93:1 |
| 陸上 | 653,971 | 5,930 | 110:1 |
| 水球 | 21,451 | 126 | 170:1 |
| レスリング | 269,514 | 1,530 | 176:1 |
| バレーボール | 52,149 | 294 | 177:1 |

出典：ScholarshipStats.com　表はジェイソン・ノッテがMarketplace向けにまとめた。

**競技別の女子選手が大学のスポーツ奨学枠を得られる確率**

| 競技 | 高校生選手数 | 大学の奨学枠数 | 奨学枠が得られる率 |
|---|---|---|---|
| 競漕（ボート） | 4,242 | 2,080 | 2:1 |
| 馬術 | 1,306 | 390 | 3:1 |
| ラグビー | 322 | 36 | 9:1 |
| フェンシング | 1,774 | 134 | 13:1 |
| アイスホッケー | 9,150 | 612 | 15:1 |
| ゴルフ | 72,172 | 3,056 | 24:1 |
| 体操 | 19,231 | 810 | 24:1 |
| スキー | 4,541 | 133 | 34:1 |
| ライフル射撃 | 1,587 | 46 | 35:1 |
| サッカー | 374,564 | 9,266 | 40:1 |
| バスケットボール | 433,344 | 10,165 | 43:1 |
| ラクロス | 81,969 | 1,779 | 46:1 |
| 水泳／飛込 | 165,779 | 3,550 | 47:1 |
| テニス | 215,737 | 4,480 | 48:1 |
| ソフトボール | 371,891 | 7,402 | 50:1 |
| バレーボール | 429,634 | 8,101 | 53:1 |
| ホッケー | 61,471 | 1,119 | 55:1 |
| 水球 | 18,899 | 344 | 55:1 |
| クロスカントリー(スキー) | 218,121 | 3,817 | 57:1 |
| 陸上 | 545,011 | 8,536 | 64:1 |
| ボウリング | 25,751 | 275 | 94:1 |

出典：ScholarshipStats.com　表はジェイソン・ノッテがMarketplace向けにまとめた。

ン・ノッテだった。

この一覧表は驚異的だ。体操選手の男子高校生がバレーボール選手の男子高校生より大学スポーツ奨学金を得られる確率が9倍も高いだなんて誰が知っていただろう？　ボート競技選手の女子高校生に至っては、クロスカントリー選手の女子高校生のざっと30倍も奨学金を得やすいのだ。

ただしこの表には注釈もある。奨学金倍率の低い競技の中には、それをやる部がある高校が少なかったり、金のかかるクラブチームに加入する必要があるものもある。さらに中には奨学金の金額がとても低い競技もある。オロークのウェブサイトは、全競技について様々な情報を提供している。

少なくとも米国人の高校選手やその保護者にとって、奨学金を得て進学し、大学でもそのスポーツを専門的にやりたいなら、ScholarshipStats.comを調べてみるのは賢明だ。

とはいえエプスタインの指摘が光を当てたように、多くのスポーツでは生まれ持った才能がないと抜きんでるのは難しい。

では、才能に最も依存する競技、依存が少ない競技とは、どんなものか？　私は、それを知るには同じ競技をやる一卵性双生児の割合を調べれば良いのではないかと閃いた。

## 双子という自然実験

行動遺伝学者は成人がなぜそうなったのかの由来を調べている——たとえば共和党員になる人がいる一方で民主党員がいるのはなぜか、などだ。どこまでが氏でどこまでが育ちなのか？　しかしこうした現象に関わる要素を分解するのは容易ではない。最大の問題は氏（生まれ）を共有する人々はえてして育ち（生育環境）も共有していることだ。

きょうだいを考えてみよう。

きょうだいはどんな物事についても、無作為に選んだ他人同士よりも総じて似通っている。たとえばきょうだいは政治的信条を一にする傾向が無作為に選んだ人に比べてはるかに高い。私の弟のノアは、政治的なことについてはほぼ常に私に同意する。兄弟そろってバラク・オバマを敬愛し、ドナルド・トランプを嫌っている。

だがそれはなぜなのか？　ノアと私は同じ遺伝子配列のためにオバマの希望とチェンジのメッセージに共感し、トランプの煽動的言辞に耳をふさぐのか？　これは確かにありうるだろう。ノアと私は遺伝子の50％を共有しているのだから。

それともノアと私が政治的信条を共有するのは、いずれも幼少期を同じ環境で過ごして脳に刷り込まれているからか？　これも大いにありうる。私たちが子供の頃の夕食時の話題は政治をめぐるものが多かったし、両親はともに民主党支持者でもあった。そして私たちが育ったニューヨーク市郊外のリベラルな界隈での友人づきあいによって、親民主党的メッセージはより強化された。

ノアと私は氏も育ちも共有しているのだ。

ドイツの遺伝学者ヘルマン・ヴェルナー・ジーメンスはこの問題に対する見事な解決法を考案した――双子という自然実験を利用すれば良いのだ。

一卵性双生児（1つの受精卵が2つに分離して別々の胎芽として成長する）は、すべての妊娠に対しておよそ250分の1の確率で発生する。[3] この場合、生まれた双子は100％同じ遺伝子を持っている。

一方、二卵性双生児は全妊娠中およそ125分の1の確率で発生する。この場合、2つの卵子が同時に別々の精子によって受精して双子になる。同性の二卵性双生児は、生年月日が同じで、ほぼ確実に生育環境も共有する。だが一卵性双生児の場合と違い、二卵性双生児は平均して遺伝子を50％しか共有していない。

この「氏か育ちか問題」はさる数式によって解くことができるが、ここでは詳述しない。要点は、形質が遺伝に強く影響されているのなら――氏が何より重要であるのなら――一卵性双生児は二卵性双生児よりもはるかに形質的共通性が高いということである。もちろん大半の形質は氏と育ちのいずれの影響も受けている。だがそれも件の数式によって各々の貢献度合いがわかる。

ともあれこのシンプルな数式が、社会にさざ波のように影響を及ぼしていった。たとえば、行動遺伝学研究における双子の重要性の理解が広まるにつれて、オハイオ州ツインズバーグ[4]で開かれる年次双子の日フェスティバルも様変わりした。

ツインズバーグがその名を得たのは１８２３年のことだった。一卵性双生児の商人モーゼスとアーロンのウィルコックス兄弟が、当時ミルズヴィルと呼ばれていたこの町と話を付けて、後に広場になる6エーカーの土地と学校の建設資金20ドルを寄付することを条件に、ツインズバーグに町名を改めさせたのだ。

１９７６年、住民たちはその名にふさわしい夏の催しを発案した。双子のためのフェスティバルである。世界中の双子たちが集うイベントだった。イケている名前の双子たちもやってきた。バーニス（Bernice）とヴァーニース（Vernice）、ジェニハ（Jeynaeha）とジェバ（Jeyvaeha）、キャロリン（Carolyn）とシャロリン（Sharolyn）などだ。クールなTシャツを着て来る双子もいる。「見てくれよ、俺が2人いるぜ」、「私はワルい双子」、「僕はエリック、デリックじゃない」。双子たちはここでタレントショー（素人演芸会）、パレード、果ては結婚式まで行う。１９９１年の双子の日フェスティバルでは当時34歳だった一卵性双生児のダウとフィリップのマルム兄弟が、24歳だった一卵性双生児のジーンとジェナに出会い、彼らは2年後、１９９３年のフェスティバルで結婚した。

数千人もの双子たちの楽しみを邪魔するのは科学者だけだ。彼らは大勢の一卵性、二卵性の双子たちが集うこのフェスを聞きつけると、白衣とゴーグルを脱ぎ捨てペンとクリップボードを手に会場に押し掛けた。そして年次双子の日フェスティバルを楽しみとユーモアの週末から、楽しみとユーモアと設問票と実験の週末にと一変させたのだ。

双子の相関性を算出して論文に仕立て上げる技術で武装した研究者たちは、薄謝と引き換えにありとあらゆる実験を課した。

たとえば遺伝子は信頼性行動にどれだけ関わっているのか？　ある研究では、双子の各々を第三者と組にして、協力するほど稼ぎが増えるトラストゲームをやらせた。

その結果わかったのは、二卵性双生児に比べて一卵性双生児の方が、協調性の程度が強弱いずれかに偏ることだった。要するに一卵性双生児は他人への信頼度において類似性が高いのだ。こうしたデータを数式に当てはめて得た結論は、信頼性行動の10％は遺伝的要因によるというもの[5]だった。

では酸味への感度はどれだけ遺伝に影響されているのか？　これも双子の日フェスティバルで調べられている。一卵性双生児74組と二卵性双生児35組を対象に、様々な酸味の溶液を飲ませ、味覚の敏感さを探ったのだ。一卵性、二卵性の双子ペア各々が酸味を認識できる度合いを調べ、そのデータを件の数式に当てはめると、酸味への敏感さは53％が遺伝的能力[6]で決まるとわかった。

では、いじめられやすさに遺伝は関係するか？　ある研究チームは双子のいじめをめぐる母親と教師による報告書を利用した。それによるといじめられやすさは61％が遺伝によるもの[7]と説明できた。

科学者たちはいじめに関わる遺伝子の特定まで進めている。たとえばT対立遺伝子ｒｓ１１１２６６３０[8]は幼少時の攻撃性抑制に常に関わっている。ということはおそらく、いじめ性向の低減にも関わっているのだろう。

この科学的発見を私が気に入っているのは、それがあるいじめに対する究極のしっぺ返しになるからだ。

私が子供の頃、女々しいオタク少年に対するいじめの切り札は「お前Y染色体がないんじゃないの？」というものだった。男らしくないということだ。だがいじめられっ子はそんな時「君の方こそT対立遺伝子ｒｓ１１１２６６３０がないんじゃないの？」と言い返してやればよかったのだ。だから攻撃性が過剰亢進しているのだ、と。

ともあれその後20年にわたる双子研究を通じて、ありとあらゆることについて氏と育ちのどちらがどれだけ貢献しているのかが調べられてきた。だが漏れている研究テーマがある。特定の競技における世界的選手の能力についてだ。

では調べてみようかと、私は思った。

## バスケットボール遺伝子

もしあるスポーツの能力が遺伝子に強く依存しているのなら、科学的に考えるとその一流選手群には一卵性双生児が含まれる率が高いはずである。

バスケットボールに話題を戻す。このスポーツでの成功には遺伝的高身長が強く関わっており、一流選手には一卵性双生児の割合が際立って高い。

全米バスケットボール協会（ＮＢＡ）の設立以来、その登録選手には10組の双生児選手がおり、少なくともそのうちの9組は一卵性双生児である。[9]

実際、彼らの両親が平均的な率で一卵性双生児を産んだとすると、その双生児がＮＢＡ入りする率は50％を超えることになる。だが平均的米国人男性でＮＢＡ入りできるのはざっと３万３０００分の１に過ぎない。[10]

私は行動遺伝学者が他の特質についての遺伝の影響を調べた数式を利用した概略的モデルを考案した[11]（筋金入りのオタクのためにその数式、モデル及びコーディングは私のウェブサイトで公開している）。それによると、バスケットボールのプレー能力は75％が素質の問題だ。だからこそＮＢＡは徹頭徹尾、遺伝的才能の世界なのだ。

面白いことに、プロのスカウトでもバスケに遺伝子がどれだけ重要かがわかっていないことはあり得る。『スポーツ・イラストレイテッド』誌のある記事では、スカウトが一卵性双生児をどう評価するべきか戸惑うさまを伝えている。[12]東部カンファレンスのあるスカウトは、アーロンとアンドリューのハリソン兄弟をこう評している。「ものすごく似ているんだ。いまだに見分けがつかない。だが決勝点を打ったのはダメな方だ。こっちが良い方、むこうがダメな方と思っていると、ダメな方が決勝点をキメて『くそっ、どうなっているんだ』ってことになってしまう」ある幹部は兄弟のどちらに見込みがあるかを見極めるために面白い提案をしている——「お母さんを見ろ」というのだ。「母親はどうしても劣る方を判官びいきするからね」

スカウトたちはこれまで3回、おそらくは母親の贔屓ぶりを参考にしながら、一卵性双生児選手の一方を、NBAのドラフト順で少なくとも20位も高く評価した。だが3回とも、双子のうち劣ると評価された方は、ドラフト順が低かった割には良い成績を残した。*おそらくスカウトたちはお母さんの応援ぶりなど無視して、双子はおおむね似たり寄ったりになると思えばよかったのだ。とどのつまり同じDNAを持っているのだから。

バスケットボールでは遺伝がとても重要であり、良き遺伝子なくして選手になろうとするのは無謀と言うべきだが、それほど生来の才能が重視されないスポーツもある。米国で人気のあるそんなスポーツを見ていこう。

---

* アーロン・バージライがhttps://www.82games.com/barzilai1.htmlで発表している数式によれば、ジャロン・コリンズ(ドラフト52位)は、双子兄弟のジェイソン・コリンズ(同18位)よりもウィンシェア(WS=チームの戦績に対する個人選手への総合的な功績分配法)比で16%しか取れないはずだったが、実際には78%を獲得した。同じ数式で計算すると、スティーブン・グレアム(ドラフト外)はジョーイ・グレアム(ドラフト16位)よりもWS比で9・4%にも満たないはずだったが、実際には21・8%を獲得した。ケイレブ・マーティン(ドラフト外)はコディ・マーティン(ドラフト36位)に比べてWS比で27%も取れないはずだったが、実際には48%を獲得した。

## そこまで重要ではない野球とアメフト遺伝子

野球ではメジャーリーグ（ＭＬＢ）でプレーした選手１万９９６９人のうち一卵性双生児は８組いる。ということは一卵性双生児の野球選手にはざっと14％のＭＬＢ入りする確率があることになり、ＮＢＡに比べれば大幅に低い。そもそもＭＬＢ入りする確率はＮＢＡ入りする確率より３倍も高いにもかかわらずである。

アメフトの場合も、プロ野球と同様の傾向がみられる。ＮＦＬでプレーした２万６７５９人には一卵性双生児の選手12組が含まれているが、これは一卵性双生児がプロ入りするチャンスは約15％であることを示唆している。

プロ野球やアメフトにおける遺伝の影響がプロバスケ選手よりも少ないことを示すデータにはあいまいな面があるが、私のできる限りの推計では野球でもアメフトでも遺伝の影響はざっと25％程度である。

つまりアメフトと野球においては、遺伝はバスケの約３分の１しか関わっていないのだ。

## ないに等しい馬術と飛込の遺伝子

この分析は他にも応用でき、やはりＤＮＡの重要性は競技ごとに大きな差がある。

元プロゴルファーで肘専門整形外科医を引退したビル・マロンは、オリンピック統計に取りつ

成功の遺伝チャート

| | 同性どうしの一卵性双生児の百分率（数値が高いほど遺伝依存度が高いことを示唆） |
|---|---|
| オリンピック・陸上競技 | 22.4％ |
| オリンピック・レスリング | 13.8％ |
| オリンピック・競漕 | 12.4％ |
| NBA選手 | 11.5％ |
| オリンピック・ボクシング | 8.8％ |
| オリンピック・体操 | 8.1％ |
| オリンピック・競泳 | 6.5％ |
| オリンピック・カヌー | 6.3％ |
| オリンピック・自転車 | 5.1％ |
| オリンピック・フェンシング | 4.5％ |
| オリンピック・ライフル射撃 | 3.4％ |
| NFL選手 | 3.2％ |
| MLB選手 | 1.9％ |
| オリンピック・アルペンスキー | 1.7％ |
| オリンピック・飛込 | 0％ |
| オリンピック・馬術 | 0％ |
| オリンピック・重量挙げ | 0％ |

出典：著者による計算。オリンピック選手に関するデータはビル・マロン氏提供。

かれている。彼は今やフルタイムのオリンピック歴史家であり、国際オリンピック委員会に統計を提供している。彼が収集した統計の一つは、かつてオリンピックに出場した双子と彼らが一卵性だったかどうかの概略的推測である。彼は寛容にも私に統計を提供してくれた。

いくつかのオリンピック競技は、衝撃的なほど一卵性双生児選手を含んでいる。

たとえばレスリング。オリンピックに出場した６７７８人のレスリング選手[13]にはざっと13組もの一卵性双生児が含まれている。つまり彼らは、遺伝的才能によってオリンピックのレスリング選手に選ばれる確率が60％もあったことになる。

これは彼らが生育期に兄弟姉妹でレスリングを楽しんでいたからか？　違うだろう。二卵性双生児の場合や兄弟姉妹がいる場合でも同様にレスリングを楽しむことはあり得るが、彼らがオリンピックに手が届くのは、私の推計によると２％弱程度である。ということはレスリング界に占める一卵性双生児の高い割合は、遺伝がこの競技に膨大な影響を及ぼしていることを示唆している。他に一卵性双生児の率が高いオリンピック競技には、ボート競技と陸上競技がある。

だがマロンのデータによれば、いくつかのオリンピック競技は一卵性双生児の選手がはるかに少なく、遺伝が競技に及ぼす影響が小さいことがうかがわれる。

たとえばライフル射撃。これまでオリンピックに出場した射撃選手は７４２４４人いるが、一卵性双生児はそのうち２組だけだ。ということは彼らが一卵性双生児の血筋のおかげでオリンピック選手になる可能性はざっと９％だったわけで、この競技に占める遺伝の影響は小さいことがわかる。飛込、重量挙げ、馬術などに至っては全く一卵性双生児がいない。これらのスポーツには血筋があまり関わっていないのだ。さらに言えば、あまり血筋に恵まれていない人でも、努力と情熱次第で夢を摑めるかもしれないことを示唆してもいる。

では我々はそうしたスポーツにどう向き合えばいいのか？

確かに一部のスポーツは庶民にはなじみが薄い。乗馬は金がかかることで有名で、だからこのスポーツに興じる子供たちは裕福な家の子が多い。もしかしたら乗馬競技が歴史的にあまり血筋を問わなかった理由の一つは、乗馬の才に恵まれた――その才能がどんなものであれ――人が元々この世界に入らなかったからかもしれない。

その上で言えば、昨今では乗馬もあまり金をかけずにできるようになっているし、このスポーツには血筋はあまり関係ないのだから、情熱と練習で一花咲かせる手もある。あまり金をかけずにこの競技を始めるための方法を説くサイトも多い（https://horserookie.com/how-ride-horses-on-budget/など）。

成功の遺伝チャートづくりを始めたころ、私はいつもながらブルース・スプリングスティーンに思いを馳せていた。これは私が執筆中に彼の音楽をよく聴いているためでもある。

スプリングスティーンの代表曲と言えば「ボーン・トゥ・ラン」［訳注／邦題は「明日なき暴走」。原題は生来の走り屋、の意］だ。この曲は田舎町からの脱出願望を歌ったものだが、スポーツにおける一卵性双生児についての曲とも解せる。陸上競技は結局、何よりも遺伝的才能の世界なのだ。スプリングスティーンには娘ジェシカがいる。ジェシカ・スプリングスティーンは4歳の時から乗馬に夢中で、世界第一級の乗馬選手になり、東京オリンピックでは銀メダルを獲得した。

一部の人間は「走るために生まれた」。……ブルースはこの点で正しい。だがデータと彼の娘の物語が教えているのは、「ラーン・トゥ・ライド（乗馬を習うこと）」はできる、つまり天与の才に恵まれない凡人でも努力すれば一花咲かせられるということだ。乗馬に限らず、飛込でも、重量挙げでも、射撃でも。

**次章の予告**

スポーツ選手として大成することは金持ちになる一つの方法だ。だが方法は他にもある。納税記録データは米国の金持ちの素顔を教えてくれる。そしてそれは必ずしもあなたが想像しているような人々とは限らない。

# 第4章 アメリカの知られざる金持ちとは？

退屈な話を一つ（ソソる書き出しでしょ？）。

ケビン・ピアース*はビールの卸売会社のオーナー。彼の会社ビーラロは、禁酒法が終わって間もない1935年に祖父が興した。その頃ビールの卸売はエキサイティングな仕事だった。祖父は創業当時、一番速い車とデカい銃を持つ者が誰よりもビールを売るのだと鯔背《いなせ》なセリフを吐いた。だが昨今では、ビール卸売業も他の多くの商売と同じく、表計算と会議の世界だ。

毎朝8時、彼は40㎡弱のオフィスで営業部長やチームリーダーと共に数字を点検し始める。前日の売上と粗利の推移をみるのだ。時にはメーカーとの商談で卸値をめぐり丁々発止と渡り合う。配送の運転手にハッパをかけ、特に納品が遅れた時はそうだ。価格コンサルタントも雇って利益を最大化する努力も怠らない。

---

＊ 仮名。他にもディテールのいくつかは変えてある。

ビールは夜に飲むものだが、卸売と配達は通常の営業時間の仕事だ。たいていの小売チェーンは早朝の、バーやレストランは昼時前後の配達を希望する。そのためケビンの仕事はたいてい午後4時から5時には終わる。

ケビンは多額の収入も得ている。これまでこの家業で数百万ドルも稼いできたという。そのおかげで米国の実業人ミリオネアに名を連ねてきた。最近、公開された納税申告データの分析によれば、飲料の卸売配達業はトップ0・1％の収入層入りする割合が最も高い稼業とされている。さらにケビンの収入は安定している。良い年には予想を2～3％超えることもあるが、冴えない年でも2～3％減るだけだ。

ケビンは仕事を「耐え難いほど退屈」と言い、「表計算ソフトにはうんざりだ」と認めている。ビールという取り扱い商品は少なくともいくらか見栄えがするが、日々の仕事はたとえ商品がトイレットペーパーであっても大して違わないだろうという。

だが友人たちの職業生活を思えば機嫌も治まる。毎年、着実に高収入が得られ、仕事が5時に終わるというのは、非常に恵まれていると悟ったのだ。友人の一人は最近、ケビンの暮らしぶり——良い家、時間の自由がきくこと、安定した収入——を見て言った。「私にも君のような仕事が必要だな」

ケビン自身は自分の仕事をこう総括している。「本当に退屈だよ。だが来る日も来る日も、どんどん金が舞い込んでくるんだ」

## 米国の金持ちのデータ

米国の金持ちとは、いったい誰か？

実はほんの数年前まで、この問いにはごく限定的な答えしか得られなかった。もちろん収入の高そうな仕事の見当がつかなかったわけではない。たとえばゴールドマン・サックス勤めなら教師より収入が高そうだなどだ（そうであるべきかどうかは別にして）。

とはいえ全米国人を対象にした高額所得者分析を含む包括的、網羅的な収入分析はなかった。それまでの金持ち分析は2つの欠陥ある方法に頼っていた。

第1は聞き取りである。しかし、たいていの人は他人に収入を知られたがらない。ワシントンに住んでいた弁護士で投資家のジャック・マクドナルド[1]は1Kのアパートに住み、破れたTシャツを着て、食料品の買い物にはクーポンをこまめに利用していたが、死んだときには投資で儲けた1億8760万ドルを寄付する遺言を残して周囲を驚かせた。逆のケースもある。アンナ・ソローキン[2]は、2013年にニューヨーク市に転入してすぐにエリート社交界入りした。6000万ユーロの信託ファンドを相続したのだと吹聴し、食事は一流レストラン、宿泊も一流ホテルで、後で返すからと友人たちに払わせていた。後に彼女は詐欺で捕まり、ひそかに破産宣告を受けていたこともわかった。大半の人はマクドナルドやソローキンのように極端ではないが、今日的な社会経済模様の中で浮沈を繰り返している。

第2の方法は伝聞、それもたいていはマスコミ経由で知るというもの。だがこれは報道価値のある人たちに集中しがちだ。だから私たちの金持ち観は、派手な逸話を持つ人たちに大きく偏っている。

では米国の金持ちの全体像をそっくり捕捉できるようになった数年前の出来事とはいったい何か？　それは学者たちが電子化された納税申告データをIRSと共同研究できるようになったことだ（データは全て個人が特定できないように匿名化されている）。ある研究班――マシュー・スミス、ダニー・ヤガン、オーウェン・ザイダー、エリック・ツウィックら、「税データ研究者」ら――はこのデータを使って、所得最上位の米国人のキャリアパスを追った。

その成果を議論する前に、重要なお断りを一つ。さもなければ、いまは亡きユダヤ人祖父母の霊に祟られかねない。巨万の富を得ることは必ずしも人生の然るべき目標ではないし、それで幸せになれるとも限らない。このあと第8章と9章ではデータサイエンスが幸福について何を教えているか、幸せになるために金の役割がどれだけ限られているか、他に何が大切なのかについて扱っている。

## 金持ちはオーナー社長

さて、金持ちはどうやって金を手に入れているのか？

別に意外でもあるまいが、税データ研究者らは、**豊かな米国人の過半数が会社のオーナー**であると明らかにした。月給取りではないのだ。より正確には、トップ０・１％の高額所得者のうち、給与所得が主であるのはわずか約20％に過ぎない。* こうしたリッチな米国人の84％は、事業の所有権から少なくとも一部の収入を得ている。もちろん中には巨額の給与収入でリッチになった有名な例もある。ＪＰモルガン・チェースのジェームズ・ダイモンは年額３０００万ドル以上もの給与を得ている。著名ニュース番組司会者レスター・ホルトは年額１０００万ドル以上をＮＢＣから得ている。有力スポーツチームのコーチの例もある。スタンフォード大学のアメフト部を率いるデイヴィッド・ショウの２０１９年の年俸は８９０万ドル[3]だが、彼はかつて敵陣の29ヤードライン地点からパント（４回の攻撃以内に10ヤードを超えられない場合に４回目の攻撃権を放棄してキックをし、自陣の挽回を図ること）を選択したことがある。**

だがデータによれば給与で大金持ちになるこうした例は稀である。税データ研究者らの調べによると、トップ０・１％以内の金持ちでは、オーナー社長は給与所得者の３倍いる。つまりトップ０・１％の金持ちの世界ではジェームズ・ダイモン（月給取り）１人に対してケビン・ピアー

* 残りのトップ１％のうち収入の大半を給与に頼っているのはざっと40％である。この研究期間にトップ１％入りするには、39万ドル以上の年収が必要で、０・１％入りするには年に１５８万ドルを稼がなければならなかった。

** 無駄な記述で、ゲイブ・ローゼン（イリノイの学生アメフト選手）以外誰にもウケないと思って書いているのだが……。

ス（オーナー社長）が3人いるのだ。[*]

スポーツの有名選手のような桁外れの高額報酬を得ている人々さえ、良い資産を持つ人々に豊かさで後れを取ることもある。データサイエンティストのニック・マジューリが最近指摘したことだが、ＮＦＬでこれまでにプレーした2万６０００人の選手の内、最も豊かになったのは誰か知っているだろうか？　ジェリー・リチャードソンだ。[4] 誰それ、だって？　ワイドレシーバーとしてＮＦＬで活躍した2シーズンを通じて総計15本のパスをキャッチしただけの選手である。だが選手生活を引退してほどなく、彼はハンバーガーチェーンのハーディーズのフランチャイズを買い、事業を成長させた。そして５００店舗以上のハーディーズ店舗の株式のおかげで、20億ドル以上もの純資産を築いた。対照的に、おそらく史上最高のワイドレシーバーと言ってよいだろうジェリー・ライスは、１５４９本のパスをキャッチした20年のキャリアを通じて、推計４２４０万ドルを稼いだ。つまり生涯15本のパスキャッチ＋５００店のハーディーズ店舗は、生涯１５４９本のパスキャッチ＋ハーディーズ店舗０のざっと50倍の価値があるのだ。

ところでリチャードソンはその資産を使ってＮＦＬチームのカロライナ・パンサーズを創設したが、後に職場での性的発言と人種差別的中傷の責任を問われてチームを追われた。だからリチャードソンの人生から学ぶべきは、金持ちになるには正しい資産を持つことが重要であり、人格は問われないということだ。

## 正しい業種を所有する

米国では会社所有が金持ちへの王道だが、成功が保証されているわけではない。濡れ手で粟を続けるケビン・ピアースがいる一方で、その何倍もの人々が起業しては倒産したり、かつかつでやっていくのが精いっぱいだったりする。

ではビジネスで勝者と敗者を分かつものは、いったい何だろう？　特に重要なのは、参入する分野である。オーナーがリッチになる見込みが高い分野がある一方で、そうではない業種もあるのだ。

まず成功の見込みが低い業種から考えてみよう。

ティアン・ルオとフィリップ・B・スタークは、労働省労働統計局の米国で操業する全事業体を網羅するビッグデータを分析して生き残り確率が最も低い業種を明かした。[5]

最も生存期間が短い商売は何だったか？　レコード店である。起業しても平均2・5年しか続かない。典型的なレコード店は、店主を鼓舞したロックスターと同じく信念に殉ずるのだ。違いはグルーピーが付いてこないことだ。

これはデータ分析で真っ先に浮き彫りになったパターンである。セクシーなビジネス、つまり

＊　残るトップ1％では、給与所得者とオーナー社長がほぼ同数を占める。

地獄への階段

| 業種 | 存続期間のメジアン（中央値）。参考までに歯医者の開業期間のメジアンは19.5年 |
|---|---|
| レコード店 | 2.5年 |
| ゲームセンター | 3.0年 |
| 趣味、玩具、ゲーム店 | 3.25年 |
| 書店 | 3.75年 |
| 衣料品店 | 3.75年 |
| 化粧品店 | 4.0年 |

出典：Luo and Stark(2014)

**若者がやりたがりそうな事業は潰れやすい。**他にもゲームセンター、玩具店、書店、衣料品店、化粧品店などがそうだ。若者受けするセクシーな分野への参入にはご用心。

多くのセクシーな分野では激烈な競争を避けられず、あっという間に多額の投資を失いかねない（セクシーだがもっと見込みの高い道もあることはあり、ちょっと後で扱う。だがそれは才能と膨大な努力を要する世界だ）。

では最も儲かりやすい分野とは何か？

税データ研究者らは業種ごとに何人の事業オーナーが収入で全米トップ0・1％入りしているかを分析している。次頁の表は彼らのサイトからのものだ。*

では、誰もがすぐに今の仕事をやめて、これらの商売に鞍替えすべきなのか？　レストランを開いて4000人以上もの金持ちの仲間入りをすべきか？　おばあちゃんのレシピに倣ってピザ店を開き、その夢を継ぎつつ

**最も億万長者の多い業種[6]（注：良い商売を選ぶ上では誤解を招く表である）**

| 分野 | トップ0.1％の高収入オーナー数 |
|---|---|
| 不動産賃貸業 | 12,573 |
| 不動産関連業種 | 10,911 |
| 自動車ディーラー | 5,236 |
| 開業内科医 | 4,711 |
| レストラン店主 | 4,471 |

出典：online appendix of Smith et al.(2019) より。ただしS法人のみを対象としている。

データに学ぶべきか？

この表の5業種は豊かなオーナーを最も多く生み出している商売だが、金持ちになる近道を探すうえでは誤解を招くとも言える。

まずこの表は、その分野に参入して実際にリッチになった人の数だけを挙げている。どれだけの人がその業種に参入したかは考慮していないのだ。この表で上位にランクされている業種にしても、それは参入者数が膨大であったからかもしれず、その多くがリッチになっていることを示すとは限らない。

飲食業を考えてみよう。国勢調査データを基にした私の分析によると、飲食店は米国で最も人気のある起業機会である。米国には21万店以上もの飲食店があり、すると4471人のリッチな飲食店主はそのおよそ2％に過ぎない。つまり飲食店開業は金持ちになる上でさして見込みが大きいわけではない。リッ

＊　退屈で専門的な話になるが、これから本章で披露するデータは全て、特記なき限り、米国で最も多いS法人（小規模法人で、その法人自体は課税されずに株主が課税対象となる登記種別）を対象とする。

チなレストラン店主に出くわすことが多いのは、おおむねレストラン店主など掃いて捨てるほどいるためでもある。

だが中にはリッチになれる見込みがはるかに大きい業種もある。やはりくだんの表で上位につけている自動車ディーラーだ。5236人が全米トップ0・1％の収入を得ているが、国勢調査データによれば、米国にはわずか2万5200社しかないから、驚くなかれ20・1％もの高確率だ。レストラン店主のざっと10倍の割合である。

私は、税データ研究者らによる研究成果と国勢調査データをクロス分析して、リッチになるために最も有望な分野を探った。[*] 全業種を対象に、次の2つを基準に絞り込んだ。
▼第一にその業種のオーナーが最低1500人、トップ0・1％入りしていること。これはその業種で数多くの人が豊かになっていることを示している。
▼第二にその業種のオーナーの少なくとも10％がトップ0・1％の収入を得ていること。これはその業種で豊かになった人の割合が高いことを示す。
起業分野も様々だが、豊かな人が多く豊かになれる見込みが高いという2つの基準を満たした業種はわずか7つだけだった（次頁の表参照）。

**リッチになりたければこの仕事**

| 分野 | オーナーがトップ0.1%入りしている法人数 |
|---|---|
| 不動産賃貸業 | 43.2% |
| 不動産関連業種 | 25.2% |
| 自動車ディーラー | 20.8% |
| 他の金融投資分野 | 18.5% |
| 芸術家、著述家、演者 | 12.5% |
| その他の専門職、科学的・技術的サービス業 | 10.6% |
| その他の耐久消費財卸売業者 | 10.0% |

出典：著者がonline appendix of Smith et al.(2019) と米国国勢調査局データを基に計算したもの。対象はS法人のみ。

さて、この表をどう解するべきか？

まず仕事内容をはっきりさせることだ。追加調査と取材によって「その他の専門職、科学的・技術的サービス業」とは、おおむね市場調査業を指すことがわかった。また「その他の耐久消費財卸売業者」とは要するに問屋つまりメーカーから大量に商品を買い付けて小売業者に再販する仕事である。**

* 詳細を知りたい奇特な読者のために記すと、税データ研究者らによるthe online appendixのAppendix J.3（これは収入で全米トップ0・1%入りしたオーナーを業種別に分類したもの）と、米国国勢調査局によるSUSB Annual Data Tables by Establishment Industry（業種ごとのS法人の総数を分類したもの）を照合した。

** 次のウェブサイトでは、卸売業への参入法を教えている。https://emergeapp.net/sales/how-to-start-a-distribution-business/

データによれば、卸売は実入りの良い仕事だ。飲料の卸売配送業は、既述の通りトップ0・1%に異例の割合を占めているが、「豊かになりたければこの仕事」の表に入るほど人数がいない。扱い商品を問わず、卸はリッチになる上で得てして良い位置につけている。

「不動産賃貸業」の多くは不動産を所有し、それを賃貸しする大家だ。「不動産関連業種」とは不動産の委託管理者か不動産鑑定人が大半。「他の金融投資分野」とはたいてい預かり金の管理や投資代行業。

不動産絡みの2業種を混合し、その他のくだくだしい業種名を平易にすると、異例の割合でリッチ族を生み出している6業種が浮かび上がる。

**リッチになるための6大業種**

▼不動産業
▼投資業
▼自動車ディーラー
▼フリーのクリエイティブ職
▼市場調査業
▼卸売業

ではこの6大業種をどう解するべきか？　投資業と不動産業は順当と言えよう。だがその他の4業種は、少なくとも私には目から鱗が落ちる思いだった。卸売業？　自動車ディーラー？　市場調査？　これまで誰も、これらの仕事が金持ちになるための手堅い道筋だとは教えてくれなかった。

正直言えば、卸売業など聞いたこともなかった。自動車ディーラーなど腹に一物ある押し売りのイメージだったし、市場調査がコンサルティングよりはるかに儲かるなどとは（そうなのである）思ってもみなかった。

## セレブを目指すなんてばかげている？

そして「フリーのクリエイティブ職」にも驚いた。芸術家と言えば食い詰め者のイメージがある。「食えない芸術家」なんて陳腐な決まり文句まである。さらにデータは、華々しいレコード店などがあっという間につぶれることも教えている。となれば「芸術家、著述家、演者」などで構成された企業の12・5％にリッチなオーナーがいるのはどういうことか？

おおむね選択バイアスのしわざである。これはデータを分析する際には常に考慮しなければならない重要なバイアスだ。大半の「芸術家、著述家、演者」などは、節税目的で法人を設立するほど成功していない。そしてこうした大した稼ぎもないクリエイティブ職の人らは、データには含まれていないのだ。もしこうした人々まで含めて再集計すれば、この業種の金満率は大幅に下がるだろう（このバイアスは他の業種ではあまり問題にならない。起業者の多くは最初から法人化しているからだ）。

その上で言うが、仮に選択バイアスがフリーのクリエイティブ職の成功率を嵩上げしているとしても、この分野で大化けする真の確率は思いのほか高いかもしれない。確かにクリエイティブ職で成功するのは難しい。私はそれを10万人に１人というレベルだと思っていた。だが実際にはそこまで少ないわけではなさそうだ。

税データ研究者の分析によると、収入トップ１％入りしているフリーのクリエイティブ職は少なくとも１万人はいる。[7] ではこの仕事を選ぶ人はどれだけいるのか？

この点での情報は錯綜している。労働統計局によると、現在5万１８８０人の「フリーの芸術家、著述家、演者」がおり、その全員が法人を設立しているわけではない。一方で、副業でこうした仕事に携わる人たちもいる。他の調査データによれば１２０万人の米国人が芸術を生業にしているとの推計もある。となればトップ１％入りする１万人のフリーのクリエイティブ職の人たちは、そのざっと１％を占めることになる。もしそうなら、彼らが収入トップ１％入りする確率は、平均的な米国人がそうなる確率と大差がないことになる。その上で言うと、米国には美大卒が２００万人いる。彼ら全員が一度はフリーのクリエイティブ職に挑み、一部はあきらめたとすると、おそらく夢追人の２００人に１人が大成功したことになる。

明らかに、これについてはさらなる研究が必要だ。だが新たに手に入るようになった納税申告データを他のデータと照合すると、アート界では100分の1から200分の1の割合で大きな成功が摑めることになる。これ自体が、たいていの人にとっては低すぎる確率である。だが第6章では、アーティストが成功率を劇的に高める方法を扱う。たとえば、単に作品をより多くの人の目に触れるようにするだけで、成功率は6倍も高まるのだ。データに学べば成功率を劇的に向上することは可能で、おそらく10分の1程度にまでなる。それでも楽な割合ではないかもしれないが、好きなことをやってリッチを目指す上では捨てたものではない。

データを見る前の私なら、フリーのクリエイティブ職で大成を目指すという人には、信託ファンドで食い扶持を確保してからでもなければ馬鹿げた夢だとでも言っただろう。

だが今や私も、そこまでの決めつけはしない。第6章で述べる方法をやって成功のチャンスを最大化するのでもなければ馬鹿げたアイデアだというだけだ。それをやれば、アーティストを目指すことはそれほど無謀ではなく、特に若いうちならいっそうだ。また、フリーのクリエイティブ職として成功はしたいが、寡作で自助努力もしないのなら、まず確実に上手くいかない、とも言える。そんな了見なら会計の学位でも取るべきだ。しかしそうした努力を厭わないのなら、フリーのクリエイティブ職は決して悪い試みではない。とはいえ5割以上の失敗の確率があることを承知の上、という条件付きだが。

データによれば、フリーのクリエイティブ職としてリッチになる見込みは、他のいくつかの業種よりも高い。このことは、先述の通り、聞こえの良いレコード店などが最も成功が見込めない商売であることを考えると、ますます驚かされる。ではフリーのクリエイティブ職とレコード店起業の違いは何か？

クリエイティブ職がリッチになるための6大業種入りしていることは、参入すべき分野の真の成立理由を示唆している。**儲かる業種とは、地域的な独占をたくさん生み出せる業種なのだ。**

## 価格競争からの脱却

大半の事業は億万長者のオーナーを量産していない。

たとえば米国には4万9000のガソリンスタンド、1万5000のドライクリーニング店、8000軒の葬儀屋がある。いずれも華々しくはないが暮らしを支える仕事だ。だがデータによれば、これらはリッチになるための道筋ではない。これらの商売のオーナーの事実上誰も、米国トップクラスの富を得てはいない。

実際、税データ研究者らの研究によれば、膨大な起業者のうちトップ1％入りなど（ましてや0・1％入りなど）する人は皆無も同然という業種がいくつもある。

### 金持ちになれそうもない商売

▼建材業者

▼工務店

▼自動車修理工場
▼ビル／住宅メンテナンス
▼建築、技術及び関連サービス
▼内外装業者
▼パーソナルケア・サービス
▼ガソリンスタンド

ではリッチな6大業種は、いったいどうして他業種よりも高い割合で金持ちを生み出しているのか？

ここからは実に退屈な話をしなければならない。リッチな業種そのものよりさらに退屈なことだ。そしてそれは私の博士号専攻分野、すなわち経済学の話である。

経済学の基礎として、利益とは売上から費用を減じたものである。かかる費用よりもはるかに多額を請求出来れば、たんまり儲かる。だが費用に上乗せした売価がつけられなければ利益はゼロ。

そしてやはり経済学の基礎だが、企業にとって利益を得るのは非常に難しい。実際、大半の業種の大半の企業は雀の涙ほどの利益しか得られていない。だから税データ研究者らの研究報告によると大半の業種ではほとんどリッチなオーナーを生み出していないのだ。

ではどうして利益を得るのはそんなに難しいのか？

とても良い収益を上げているサラというオーナー社長がいたとする。彼女が製品1つを作るためにかかる費用は100ドルだが、売価は200ドル、年に1万個が売れるとする。彼女の粗利は100万ドルだ。

悪くない話である。

だがサラには危険が迫っている。ドツボな仕事であくせく年5万ドルを稼いで食いつなぐララがいるとする。彼女は濡れ手で粟のサラが妬ましい。ではララが今の仕事をやめてサラと同じ商品を作り、1つ150ドルで売り出したらどうか？　価格が安いのだから、サラの顧客はそっくりララに鞍替えするだろう。ララは年に50万ドルを手にし、サラの収入は0になる。

いまやララは有卦《うけ》に入るが、それもクララがひと稼ぎしようとこの商売に参入してくるまでだ。彼女は製品を125ドルで売り出して顧客を総取りし、年に25万ドル稼ぐ。サラとララは手も足も出ない。

それから……この架空の話は唐突に終わる。韻を踏んだ名前をこれ以上思い付かないからだ。しかし実際のビジネスの世界ではこのゲームは続き、クララも誰も名前不足によって救われることはない。

このゲームが終わるのは、これ以上の安売りをしてまでこの市場に参入しようという者がいなくなるか、既存の市場参加者もこれ以上値段を下げてまで仕事をする意味がないと思った時だ。

この状態を経済学ではゼロ利潤条件という。価格競争は利益がゼロになるまで続くのである。起業を志すなら誰しも、ゼロ利潤条件を見くびるべきではない。実に多くの人がリッチになることを夢見て起業し、激烈な競争に巻き込まれて貧乏暮らしへと至ってしまう。

数日前にニューヨーク州北部の駅で私を拾い、職業経験を語ってくれたタクシー運転手の話をしたい。ざっと25年ほど前、彼は生まれ育った町でタクシー運転手になり、ニューヨーク市内からの帰宅通勤客を駅で待ち受けた。しばらくの間、これで堅実に食べていけた。だが競争相手が続々と現れ、食い詰め運転手がどんどん料金を下げ始めた。今では市内からの列車が着くと、タクシーが我先にと客引きをする始末。通勤客はたいてい最低料金を提示するタクシーに乗る。こうしてタクシー運転手の利益はあらかた吹き飛んだ。それどころかコロナ禍で市場は崩壊し、件の運転手は実家暮らしに逆戻りだ。

利益を得続けるには、競争相手に価格を切り崩されないようにする必要がある。だがどうやって？

金満6業種は全てそのための方法を備えている。**億万長者を量産している仕事は全て利益を干上がらせる激烈な価格競争を排除する何らかの方法を備えているのだ。**

そのおそらく最も直接的な方法は**法的な保護**だろう。実際これこそが自動車ディーラーがリッチな6業種入りしている理由である。

自動車ディーラーはガチガチの規制業種である。多くの州は、メーカーに自動車の直販を認めていない（いまテスラがそれを変えつつあるが）。また新規参入も難しい。それが顧客にとって良いことかどうかは議論の余地がある。だが本書は法学の専門書ではなく自己啓発書である。そしてもしあなたの目標がリッチになることなら、競争を阻む法的な保護は間違いなく大きな助けになる。これこそが自動車ディーラーのオーナー社長が金満倶楽部にこれほど跋扈《ばっこ》している理由である。

駅前で他のタクシーと低料金を競い合うさっきの運転手を思い出してほしい。自動車ディーラーの多くは、同じ車をすぐ隣で売られることから法的に保護されている。このため自動車ディーラーを所有するのはタクシー車両を所有するよりずっと有利なのだ。

法律は、ビール卸が良い商売である要因となってもいる。ワシントン州を例外として、ビールの卸会社は、メーカー、卸売、小売の三層の分離を定める禁酒法撤廃後に制定された法律の適用を受けている。そして多くの州では地域ごとに卸売会社は1社のみに限定されているのだ。

法律は価格競争を限定する絶対確実な方法だが、方法は他にもある。**拡張性**もその一つだ。あなたの取り扱い商品が、非常に作るのが難しいとしよう。だがひとたび作ってしまうとそれを複製するのはタダ同然。こうした状況では誰かがこの商売に参入して価格を切り崩すのは実に難しくなる。

投資業や市場調査業はこうした性質を帯びている。適切な投資先や産業を選んで知識を深めることは容易ではない。だがひとたびやり遂げれば、その仕事を拡張する（拡大的に繰り返す）ことは容易である。投資額を増やしたり、あるいは報告書を複数の企業に販売したりすればいい。あなたは市場調査業を始めたいとする。データが教える金持ちになるための最も合理的な道筋だ。

さらにあなたには、半生かけて築き上げてきた、とある業界に対する深い知識と理解があるとしよう。こうなるまでには長い年月がかかった。業界の隅々まで親密なコネを作り、独自データを慎重にまとめ上げなければならないからだ。

あなたは月次で報告書を発行し、月額5000ドルで業界の多くの企業に売っている。競争相手はおいそれとこの市場に参入し、報告書を安売りすることは難しい。購読者を得るのもデータベースを構築するのも容易ではないからだ。もはや堀を張り巡らせたも同然だ。

価格競争を避けるさらなる方法は**ブランドを確立する**ことである。フリーのクリエイティブ職がそうだ。アーティストには、作品にいそいそと高い料金を支払ってくれる熱心なファンがいる。ブルース・スプリングスティーンのファンにとって、彼のコンサートは凡百のアーティストのそれとは違う。仮に他のアーティストがより安くチケットを売り出しても、ファンはスプリングスティーンのコンサートに行くだろう。ざっと1万人のリッチなフリーのクリエイティブ職の人には、これと同じことが言える。彼らの仕事は規格品ではない。もしそうなら最も安い商品やサービスを選べば良いだけだが、ファンは金に糸目をつけず好きなアーティストに入れ込むのだ。

## グローバルな巨人から逃れる

リッチな6大金満業種は全て、各企業に価格競争からの何らかの保護を提供し、おかげで利益が守られている。しかし6大金満業種以外にも、価格競争を避けられる事業はある。

中には1、2社の巨大企業が支配的で、他社がおいそれと参入できないので価格競争を免れている業種もある。たとえばスニーカー産業だ。この業界では強いブランドを持つ企業は価格競争を免れている。多くの人はナイキにいそいそと大枚をはたくが、他社の大同小異のスニーカーには財布の紐を緩めない。

だがスニーカー業界は6大業種入りはしていない。税データ研究者らの調べによると、リッチなオーナーを持つスニーカー会社は非常に少ない。その理由は、強力なブランド価値のおかげで価格競争こそ免れているが、この優位性を享受しているのはわずか数社の巨大企業だけだからである。ナイキ、リーボック、その他わずかな企業だけが有名スポーツ選手を宣伝に起用し、巨大なブランド優位性を作り出しているのだ。

ＩＴ業界も価格競争を免れているがごく少数の巨大企業に牛耳られている例だ。ＯＳをはじめとするソフトウェアは開発が非常に難しいが複製は安価で、守りを固めている。だがこの業界にはグローバルな巨人マイクロソフトが君臨し、最高の人材を雇って最高のソフトウェアを開発し、どこよりも多額を広告に費やしている。どんな小企業にとっても巨大ＩＴ会社と競争するのは難しい。

6大業種を眺めると、いずれも数社の巨大企業の独占・寡占を阻む要因を自然と備えていることがわかる。

この点を考えてみよう。不動産業は地域商売である。どんなにグローバルな不動産会社でも、あらゆる地域市場に通暁することはできないし、地域の政治家とのコネを持つことも望めない。

投資業や市場調査業は、もともと細分化されているものだ。投資会社には、各社なりに専門の投資戦略がある。市場調査業は、特定の市場について深い知識を持っている。さしものグローバルな巨大企業も、専門化された知識を持つ企業とは競争できない。

自動車ディーラーは、グローバルな巨大企業から法的に保護されている。ビールの卸売配送業もそうだ。卸問屋はえてして地域小売店と親しく交わり、おかげで担当地域では巨大企業との競争を避けられる。芸術に至っては、ファンは世界で最も人気のあるアーティストよりも自分の推しを好むのである。

ではこのデータを使ってリッチになれるか？　データはそうは問屋が卸さないと示唆している。たとえば自動車ディーラーになって金持ちを目指そうと思ったとする。だが既存の自動車ディーラーのオーナーたちが社を売る気があ

**独占はどこまで？**

| なし | 地域市場 | グローバル市場 |
|---|---|---|
| 熾烈な競争に晒される | リッチになれる可能性がそこそこある | まず確実に世界的大手の餌食になる |

ると は限らない。

とはいえ、このデータの精神に則って、金持ちになるためのキャリアについて自問してみることはできる。特に3つの大きな問いがある。

**リッチになるためのチェックリスト**

①会社のオーナーか？

②その事業には激烈な価格競争を避ける道があるか？

③その事業には、グローバルな巨大企業の支配を逃れる方法があるか？

もしこれら3つの問いの答えがいずれもノーなら、リッチになることは難しい。

もちろん逆に答えは3つともイエスという業種に入り込むのは容易ではなく、それは多くの人がリッチになることを夢見ている以上、無理もない。幸いにも、幸せになるためにカネはおよそ必要ではないことを第9章で明かす。実際、人を幸せにする行為は、ガーデニングや友人と湖畔を散歩するなど、えてして驚くほど金がかからず簡単である。オタクっぽく言えば、幸せになるための条件はリッチになるための条件よりずっと簡単なのである。

そして正直言えば、ここまでで述べたことは、リッチになるためのチェックリストのほんの皮切りに過ぎない。事業で成功するためにはもっと様々なことが関わっている。起業家の質も成功の確率に大きく関わっている。データはそれもまた明かしている。

**次章の予告**

参入する業種は成功を大きく左右する。だが唯一の要因というわけではない。最高の業種に参入しても、成功する者もいれば失敗する者もいる。同じ業種で成否を分けるものは何か？ データサイエンティストらは最近、起業家をめぐる様々なデータベースを統合して、驚くべき成功の予兆を見出している。

# 第5章　成功への長く退屈な苦闘

大志を抱く起業家はすべからく、トニー・ファデル[1]のポスターを壁に貼り出すべきだ。

ちょっと前、ファデルは自宅の重く不格好なサーモスタットに手を焼いていた。そこで多くの起業家のように、新技術で不満の種を解消しようとした。

ネスト・ラブという会社を興して電子制御式のサーモスタットを作り始めたのだ。これはセンサーを備え、Ｗｉ－Ｆｉ接続によってアプリで管理できるもので、大人気を博した。

ファデルはＩＴ業界の起業家のご多分に洩れず、瞬く間に大金持ちになった。起業してわずか4年後に、自社をグーグルに32億ドルで売却したのである。

ファデルの逸話には起業家にとって様々な貴重な教訓が含まれている。だから彼のポスターを壁に貼り出すべきなのだ。データは、ファデルの特徴の多くは成功する起業家に共通していることを教えている。たとえそれが一般通念に反していても。

第一はファデルの年齢である。ネストを起業した時、彼は天才少年と呼ばれる年齢ではなかった。大学寮で起業したわけではなく、すでに40代前半だった。
ここが勘所だ。起業を成功させる前から、彼は組織人として信用を築いていた。社会性を欠き、立て続けに起業する生来のばくち打ちではなかったし、尾羽打ち枯らして起死回生の一手で成功をつかんだのでもない。ファデルはネストを起業する前に、ゼネラルマジックの診断技術者、フィリップスの技術部長、アップルの上級副社長を務めていた。つまり彼は、ネストを興した時点でシリコンバレーでも指折りの履歴書を持っていたのだ。

要点は、こうした巨大一流企業で出世を重ねた積年の経験が、起業についても深い関連知識とスキルをもたらしたことだ。もっとすっきりした使いやすいサーモスタットが必要だと悟ったときには、それを実現する経験を備えていた。

製品デザインについてはゼネラルマジック時代の経験が役に立った。チームを率いて金銭管理する技術はフィリップスで学んだ。消費者体験全体を改善する必要があることは、アップル時代に吸収したことだ。彼は目星をつけた人材に声をかけ、これら3社で働いて得た金を資本につぎ込んだのだ。

さらに彼は、20代、30代に犯した失敗からも多くを学んでいた。ポッドキャストの『ザ・ティム・フェリス・ショー』での取材で[2]「20代の頃は悪ぶっていた。歳を取るにつれて少しずつマシに見えるようにね」と語った。初めてフィリップスでチームを率いた時、「たぶんこの世で最悪の管理職だったよ」と言い、傲慢な態度で部下を指導していたと打ち明けた。だが部下と接するうちにリーダーシップにおける共感力の大切さを学んだ。相手の身になって考えた方が、最善の行動につながることに気づいたのだ。こうした教訓を通じて成長したファデルは、ネストを率いることができた。

前章では、納税記録の分析から起業こそが富への王道であり、どんな分野が最も見込みがあるかについて述べた。しかし今や、新たなデータセットのおかげで、どんな分野に参入しようがそこで最も成功につながりやすい職業上の判断とは何かもわかっている。いまや起業の成功率を高めるための、明確な原則があるのだ。それはファデルにならうことである。辛抱強く経験と人脈づくりを積み重ね、中年になったらそれを活かすのだ。実際、新たなデータは起業についての誤謬のいくつかを吹き飛ばすものだ。

## 誤謬1　若さは強み

成功した起業家を思い浮かべてほしい。誰が真っ先に思い浮かぶだろう？

律儀にトニー・ファデルのポスター作りのための画像資料をググっていた人でもなければ、スティーブ・ジョブズやビル・ゲイツらだろう。それともマーク・ザッカーバーグ？　これらの世界的起業家には、起業時の年齢についてある共通点がある。若かったのだ。ジョブズがアップルを立ち上げたのは21歳の時。ゲイツは19歳でマイクロソフトを興した。ザッカーバーグがフェイスブックを作ったのも同じく19歳。

成功した起業家と聞いて思いつく人にこれほど若者が多いのは偶然ではない。マスコミも起業家と言えば若手実力派に偏重しがちであるからだ。最近発表された研究では、２つの有力ビジネス誌紙の「注目の起業家」欄に取り上げられた全起業家を調べ上げた。その取材時年齢の中央値《メジアン》は27歳。ジョブズ、ゲイツ、ザッカーバーグよりわずかに上だが、中年と言うには若すぎる。

ベンチャーキャピタリストや投資家も、メディアが持ち上げる若い起業家の方が偉大な会社を生みやすいといった論調に与《くみ》している。サン・マイクロシステムズの共同設立者でベンチャーキャピタリストのヴィノド・コースラは言った。「変化を起こせるのは35歳未満の人だ……45歳を超えると基本的に新しいアイデアが枯渇してしまう」[3] 著名シードアクセラレーター（創業期の支援会社）Ｙコンビネーターの共同設立者ポール・グレアムは、起業家が32歳を超えていると、投資家は「ちょっと疑い深くなる」と言う。ザッカーバーグ自身も、持ち前の無神経ぶりを発揮して「若者の方がとにかく賢いんだ」[4] とのたもうたことで有名である。

だがこと年齢については、メディアでおなじみの起業家像は代表的ではない。ピエール・アズレー、ベンジャミン・Ｆ・ジョーンズ、Ｊ・ダニエル・キム、ハビエル・ミランダら（以下ではＡＪＫＭと略称）による経済学者チームは、２００７年から２０１４年までに米国で起業された全企業の創業者年齢を調べる先駆的な研究を行った。これは２７０万人の創業者を対象にしたもので、数十人を取り上げるのがせいぜいのビジネス誌の特集記事よりはるかに代表性が高い。

その結果によると、米国の創業者年齢の平均は41・９歳で、メディアに特集される起業家の平

同業1000社中トップ企業を創業する確率(創業者年齢別)

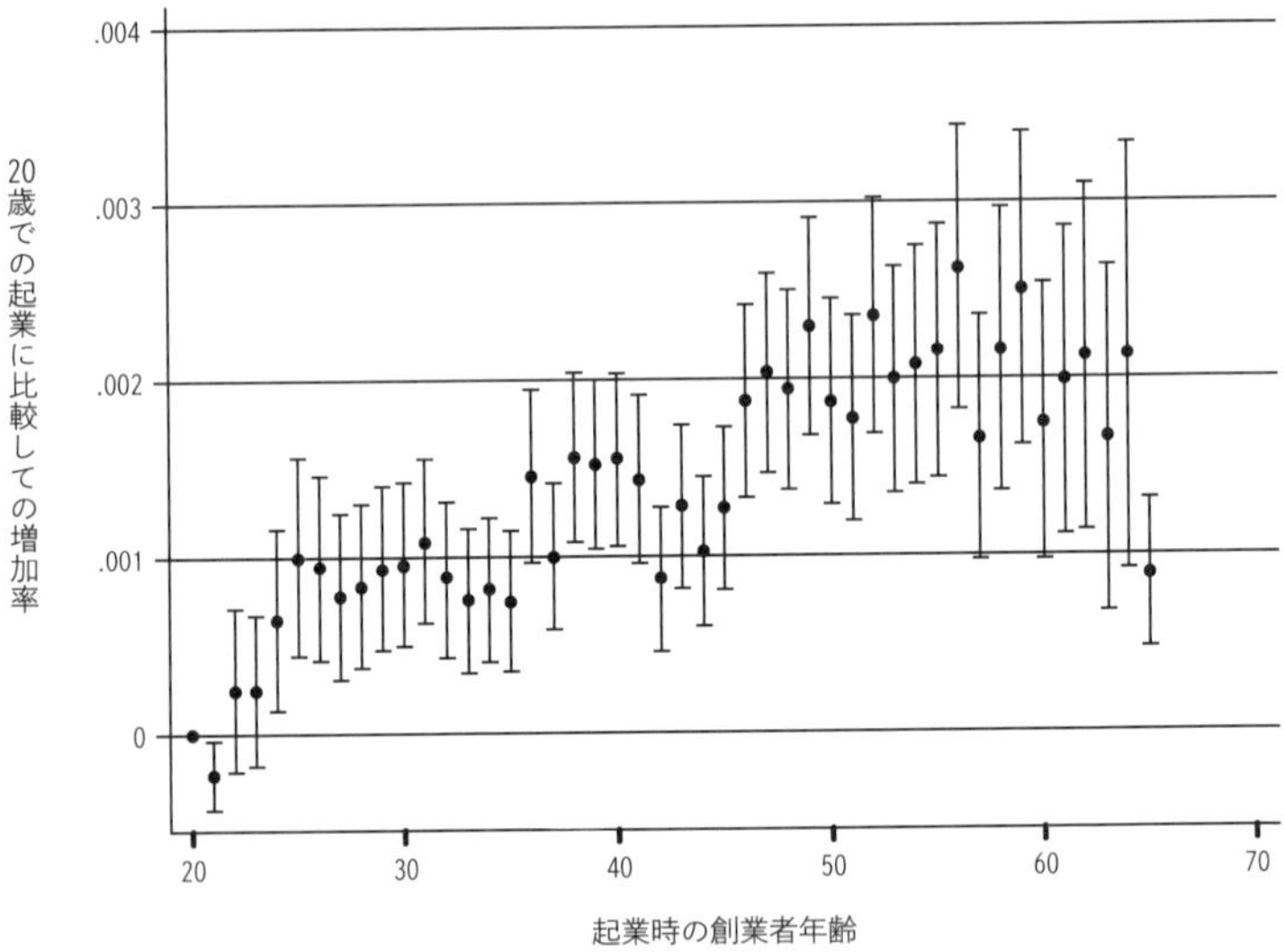


出典：Azoulay et al. (2020)

均よりも優に10歳以上も高い。そしてこうした年配起業家たちは、数が予想外に多いばかりか、収益性の高い会社を作り上げるという点でも若輩起業家に勝っているのである。AJKMは起業の成功に様々な指標を用いている。より操業期間が長いことや、売上や従業員数別のランキングなどだ。その結果、少なくとも60歳になるまでは、より年配の創業者の方が着実に成功率を高めている。60歳の起業家は30歳の起業家よりも社を軌道に乗せる確率がざっと3倍も高いのだ。

さらに年配起業家の知られざる驚異的な成功率は、この調査が対象にしたほぼ全業種に共通しており、それは最も若手創業者のイメージが強そうなＩＴ業界も例外ではない。この研究によれば、大成功した企業の創業者平均年齢は42・3歳。成功した起業家はえてして若者というメディアが吹き込むイメージは単純に嘘なのである。

若いほど起業に成功しやすいというこのイメージは、単にメディアの空騒ぎであるのみならず、危険な刷り込みである。アーロン・ソーキン脚本による２０１０年公開の映画『ソーシャル・ネットワーク』は、典型的とは言えない若き成功起業家マーク・ザッカーバーグの名声を確たるものにした。ザッカーバーグが大学寮の一室でフェイスブックを立ち上げた経緯を描いたこの映画は評判を呼び、2億ドルの興行収入を上げた。

それに触発されて後に続いた人もいた。ある研究によると、この映画が公開されてから数年は、[5]若手起業家が8倍にも膨れ上がっている。映画が振りまくイメージとは裏腹に、10代での起業なんて最悪の賭けであるにもかかわらず。この映画を何度見ようが、データにはならないのだ。

では成功する起業家は、どうして人生後半に差し掛かった人に多いのか？　彼らは長年をかけてその業界に通暁しているからだ。これは成功する起業をめぐる、もう一つの誤謬につながる。

## 誤謬2　アウトサイダーの強み

スージー・バーティズ[6]は、米国で最もリッチな叩き上げの女性だ。その成功への道にはエッセンシャルオイル、試行錯誤、そして便臭が関わっている。２００７年、彼女はプー・プーリというトイレの消臭スプレーを売り出した。

彼女が事業の閃きを得たのは、ディナーパーティーでのトイレの悪臭をめぐる会話だった。ニュートンが落ちてきたリンゴを見て万有引力の法則を閃いたように、バーティズはいわばトイレの悪臭からプー・プーリを思い付いた。ひらめきを得た彼女は、すぐさま始動した。様々なエッセンシャルオイルを試し、やがて便器の水面にとどまって香り続ける最善の配合を発見した。家族にも試供品を使わせて助言を得、これなら売れると確信した。

その通りだった。愉快なおふざけをまき散らす赤毛の美女が登場するCMが話題を呼び、人気ニュース番組『トゥデイ』での激賞も助けとなって、彼女の商品はバカ売れした。バーティズの純資産はいまや2億ドル以上と推計されている。便の話をしていた身の上から10年足らずで怖いものなしの左うちわになったのだ。

バーティズの成功への軌跡の特異さは悪臭対策という商品の分野だけではない。彼女がほとんど関連する経験を持っていなかったこともある。エッセンシャルオイルを試し始めたころ、彼女は化学の知識も消費者製品販売の経験もまったくなかった。職業生活で成功していたわけでもない。夫と一緒に始めたブライダルサロンが潰れた後には自己破産している。洋服づくりもやってみたが、やはり失敗。温水浴槽（医療用や屋外レジャー用の数人で入れる浴槽）の修理業も潰した。日焼けサロンにも手を出したが、やっぱりだめ。

バーティズには成功者に共通する特徴があっただろうか？

デイヴィッド・エプスタインはベストセラー著書『RANGE（レンジ）』で、反直感的にも聞こえる「アウトサイダーの強み」[7]と題した章を設けている。難しい課題を解決する上では、えてしてアウトサイダーの方が有利だというのだ。様々な分野にはびこる難問は、アウトサイダーによって解決されるのを待っているに過ぎないとエプスタインは説く。たとえば18世紀前半、化学の世界で最も重要な問題の一つは、頼れる食品保存法を発見することだった。世界中の碩学たちが挑み、それには「近代化学の祖」と称されるロバート・ボイルも含まれていたが、失敗した。ついに解決策を見出したのは菓子職人のニコラ・アペールだった。シャンペンのボトルを湯煎したのだ。アペールは密閉保存というこの発明を基に、起業して成功した。

エプスタインは、ある業界の内側にいる人は、えてしてかつて功を奏した方法しか知らないという。だがイノベーションは往々にして新たなやり方を必要とし、それはアウトサイダーの方が思いつきやすく試しやすいというのだ。彼は「時には膠着したなじみの分野の解決法を見出せるのは好奇心あるアウトサイダーのみ」という。

この奇抜で挑発的な理論は正しいのだろうか？　起業界ではアウトサイダーに強みがあるのか？　スージー・バーティズのような話は一般的か？　起業するなら未知の分野に参入した方が良いのか、それなら先入観に凝り固まったインサイダーらより優位に立ち回れるのか？

ノーである。またもやビッグデータは、この考えをはっきりと否定している。

ＡＪＫＭは起業年齢に加えて就業歴も調査した。とりわけ全サンプルを対象に、起業した分野の就業歴があったかを調べている。石鹸会社を興した人はもともと石鹸会社に勤めていたのか？　さらに起業後の成功度も調べた。たとえば売上で1000社中トップになっているか、などだ。

その結果わかったのは、絶大な「インサイダーの強み」である。元々同業での経験のある起業家は、会社を大成功させる率がざっと2倍も高い。この優位性は、前職での経験の関連性が高いほどより直接的になる。同業（石鹸製造など）に勤めていた経験者は、その業種で起業して成功する率が関連業界（食品製造など）出身の起業家よりも高い。

ビジネスの世界では、特定の分野の深い知識は革新的な機会を見失わせる呪いではない。何かの世界に通暁していることは、総じて大きな優位性なのである。

## 誤謬3　辺境者の強み

スージー・バーティズは、起業した時に単に汚臭解消化学界のアウトサイダーだっただけではない。彼女は一般的などんな尺度で考えても落伍者だった。何せいくつも会社を潰し、果ては破産までし

**起業におけるインサイダーの強み**

| 創業者の経験 | 1000社中トップになれる可能性 |
|---|---|
| その分野での経験なし | 0.11% |
| 関連業界での経験があるが全く同じ分野の経験はない | 0.22% |
| 同じ特定分野での経験がある | 0.26% |

出典：Azoulay et al.(2020)

たのである。成功者には程遠かった。

バーティズがそれまで成功体験を欠いていたことは、奇妙な優位性だったといえるのか？ポール・グレアムは良きエッセイストでYコンビネーターの創業者だが、失敗を散々重ねてきた人は実際にはむしろ起業に有利であると、ある挑発的なエッセイで述べている。そこではそれを「辺境者の強み」と称して、「偉大な新しいことは、えてして辺境から生まれる」[8]と言う。

その例はアップルの創業者スティーブ・ジョブズとスティーブ・ウォズニアックだ。今やアイコン的存在となったアップルを興した当時、この2人は「履歴書上はあまり見栄えがしなかった」と言う。当時の彼らは「大学の中退者」で「ヒッピー」で社会経験は電話線にただ乗りするブルーボックスを作ったことだけだった。

グレアムはこの2人のような物語――経歴の冴えない成功者――は、単なるアノマリー（変則）ではないのではないか、辺境者たちにはビジネス界での驚くべき競争力があるのではないかと言う。彼には、成功に縁の薄かった人の方がかえって有利であることについての非常に明快な理論がある。たとえばインサイダーはその世界での「名声に束縛されており」リスクを取ろうとしない。対照的に辺境人は、何も失うものがないのでどんなリスクをも恐れない、というのである。

では、この反直感的にも思える挑発的な理論は正しいのか？

ノーである。辺境者の強みは、若者の強みやアウトサイダーの強みと同じく、誤謬に過ぎない。

**最も成功している企業を興すのは最も成功している従業員**

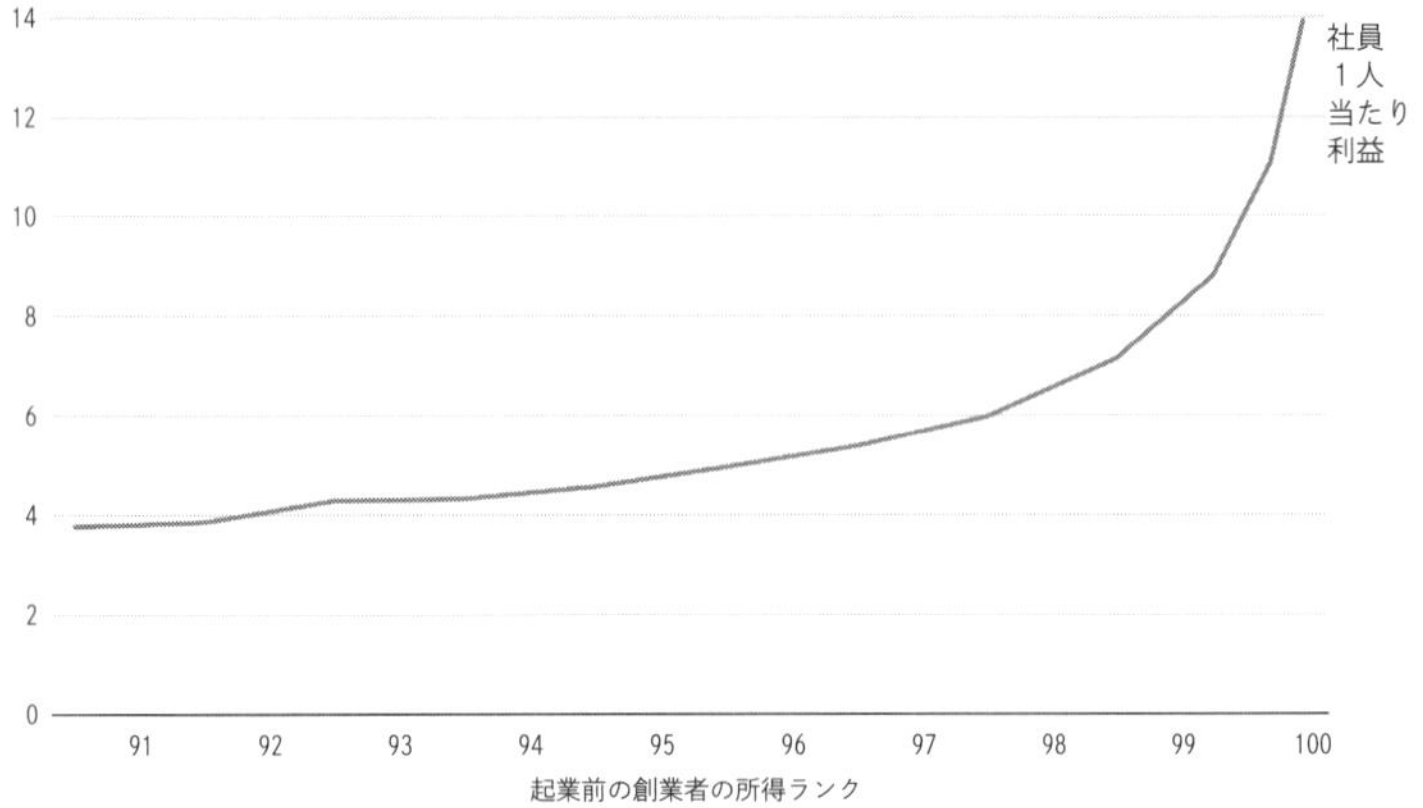


出典：Smith et.al.(2019) Eric Zwick 提供データを Datawrapper で加工したもの。

税データ研究者らは米国の全起業者の前職での給与収入歴を調べ、彼らが興した企業の収益性とクロス分析した。

グレアムの論理が正しければ、前職で高禄を食んでいた人々は、起業後は困窮してもおかしくない。だがそんなことは起きていなかった。グレアムの言い分とは裏腹に、もともと成功していた人々ほど、より良い業績の会社を作っていたのである。

上の図では、前職でトップ0・1％の給与収入を得ていた創業者が、起業の成功率も最も高いことがわかる。彼らはおよそ辺境人とは言えないし、守るべき名誉がないともいえない。

## 反・反直感的アイデア

冷静に考えてみてほしい。本章で挙げたデータを概観するといずれも別に不思議はない。

新たなビッグデータは、その分野に熟達して成功した起業家の方が成功しやすいと明かしている。その逆よりも、よほどすんなり腑に落ちることではないか？

それは常識的な研究成果かもしれないが人目を引くとは限らない。3つの誤謬――若さは強み、アウトサイダーの強み、辺境者の強み――の方が俗耳に入りやすいのだ。結局のところ、本章で紹介する研究成果は、私の好きな反・反直感的なアイデアを裏付けている。

当初は年の功を積むにつれて起業に有利になるものだという常識的なアイデアから始まる。だがやがて、この範から外れる人々が出始める。マーク・ザッカーバーグのように若くして並はずれた成功を掴むなどである。それは稀有な例外だからこそ華々しい。「19歳の若者が売上一〇〇〇億ドル以上の巨大企業を生み出すなんて信じられるかい？」というように。

人々はそんな驚くべき物語を好んで口にし、あるいは映画を作る。アーロン・ソーキンは41歳だったトニー・ファデルの物語『サーモスタット』ではなく、『ソーシャル・ネットワーク』の脚本を書いた。

そんな意外な物語が世間に広まるにつれて、だんだん自然に感じられるようになっていく。若さは起業の強みと思うようになるのだ。「『ソーシャル・ネットワーク』を観てみろよ」当初は斬新さで話題になった概念は、人口に膾炙すると一般通念になる。

代表性の高いビッグデータは、一般通念となった逸話や反直感的なアイデアを買いかぶらずむしろそれらの誤謬を証明する。著名起業家のみならず起業家全体を総覧すると、成功するには年の功が重要なのだとわかる。

では私の好きな反・反直感的なアイデアとはどんなものかと興味を抱く人もいるだろう（抱かない人もいるだろうが）。ともあれビッグデータが明かす私の好きなそれは次のようなものだ。

**NBAの選手たちは中流の二親揃った家庭の出身であることが多い。**NBA選手の中には、低所得層から這い上がった人たちがいる。貧しい出自から大成功することが非常に珍しいからこそ、彼らは話題にされやすい。すると一部の人は、貧しい出身だからこそ、ますます努力してNBA入りを目指すようになるのだと思うようになる（反直感的アイデア）。たとえば大学コーチのダーシー・フレイは著書『最後のシュート』で、郊外育ちの選手は「ハングリー精神が足りているのか？」と疑問を呈している。ところが、ジョシュア・カーラルフ・ダブロウとジミ・アダムスによる研究や私の独自分析によると、NBA選手は中流家庭出身者である割合が際立って高いのだ[9]（反・反直感的アイデア）。

**悲しい時より幸せな時の方がジョークが求められる。**悲劇のさなかにジョークを言う人がいれば、非常に目立つ。この事から、喜びよりも痛みを感じている時の方が笑いが求められると考える人が出てくる（反直感的アイデア）。チャーリー・チャップリンいわく「笑いは強壮剤であり、救いであり、鎮痛剤だ」しかし私はジョークについてのグーグル検索を調べてみた。曜日では一週間で最も惨めな月曜日が最低で、凍えるような寒さの日にも少なく、大きな悲劇たとえばボストン・マラソン爆破事件などが起きると急落する。データの教えるところ、人々は平穏無事な時の方が良く笑うのだ[10]（反・反直感的アイデア）。

**知性が高い方が人生で有利になる。**多くの人がしくじる。だが大きな話題になるのは、極端に知性の高い人々の蹉跌だ。そんな話を聞くと人は「頭が良過ぎるのも考え物」などと思う。ベストセラー本『インテリジェント・トラップ』、『ザ・インテリジェンス・パラドックス』（未訳）などは、頭が良すぎると却って不利になるという議論を展開する（反直感的アイデア）。だが数万人を対象にした最近のさる研究では、IQは人生のほぼどんな面についても強みになるのであり、これ以上高いと不利になるという転換点はどこにもなかった。データの教えるところ、知性はいついかなる時にでも強みになるのだ[11]（反・反直感的アイデア）。

## データを信じよ――成功への忍耐の道のり

メディアは例外的事象を撒き散らすことで起業観を歪めるノイズを発している。

そんなノイズに惑わされずに、成功した起業の生データを見れば、会社を軌道に乗せる見込みを最大化する方法が見えてくる。その成功の方程式とは、業界を問わずしっかりと精進してその仕事に通暁し、そこで出世を重ねて高給を取り、本物の巨万の富を掴むために独り立ちする、というものだ。

この成功の方程式は必ずしも人目を引くものではない。もちろん20代前半で準備万端整えて、見ず知らずの世界で徒手空拳で事業帝国を作り上げると言う方がずっとカッコいい。ろくになじみもなかったエッセンシャルオイル数種類を調合し、一夜で大金持ちになるという方がウケがいい。何の経験もない業界で、とにかくやってみて大成功すると言う方が華がある。業界知識なんてなくてもいい、走りながら覚えればいいんだという話の方が喜ばれる。だがこんな華やかな物語は全て嘘だ。これらは成功をめぐる誤謬であり、成功のデータサイエンスではない。

成功の方程式とは楽な道のりではなく、途方もない努力が求められる。データの教える通り20代、30代をスキルの習得に費やし、絞り込んだ専門領域で認められていく内に、同年配の人が起業で大成功したとか一夜越しの大成功の話もまず確実に耳にするだろう。

大半の実業の成功は中年時に訪れるが、数人の有名アウトライアー（例外、外れ値）は早期に異例の成功を摑む。実業的成功にはたいてい業界知識が必要だが、中にはなじみのない分野でまぐれ当たりする人もいる。こうした例外は成功の典型ではない。むしろ成功への道を大きく見誤らせ、刻苦勉励を確実に妨げる。

本当にオタクな読者なら、本章の図表をトニー・ファデルのポスターの隣に貼り出すのもいいだろう。図表を眺めよ、ファデルのポスターを眺めよ。そして仕事を続けるのだ。

データを信じよ。

## 次章の予告

特定の分野でスキルを培ってから起業した人の方が成功の確率が高い。だが正直に言えば、成功にはツキも大きく関わっているのも事実だ。ビッグデータは、数十万人単位のアーティストの売上を深掘りして、幸運がどう関わっているかを明かしている。そしてデータに基づいた洞察によって、ツキを高めることもできる。

# 第6章 運を味方につける

2007年10月、ブライアン・チェスキーとジョー・ゲビアは、サンフランシスコで共同生活をしていた。美術学校で出会い、いまは失業中の2人は、小銭を稼ぐ方法を考え付いた。近々、街で大規模なデザイン展示会が開催されることを機に、宿泊場所にあぶれた来場者を相手に自宅で余分なエア・マットレスと朝食を提供することにしたのだ。

実際、そのオファーに乗る会議出席者もいた。自信家で起業指向だったチェスキーとゲビアは、これは金脈を掘り当てたのではと考えた。このように自宅の一部を貸し出したがっている人は世界中にいるのではないかと思ったのだ。2人は共通の友人でコンピュータに強いネイサン・ブレチャージクを巻き込み、このアイデアのためのウェブサイトを立ち上げた。

それからの数か月、2人のアイデアは全く鳴かず飛ばずだった。利用者はほんの数人だけで、事業として箸にも棒にもかからなかった。ほどなくしてチェスキーとゲビアはクレジットカードにそれぞれ2万ドルの負債を抱えるようになった。そしてコードが書ける唯一のメンバーのブレチャージクもこのプロジェクトに見切りをつけ、ボストンへと移っていった。血気盛んな2人は、立ち上げた事業を立て直すべく何度かの旅をした。テキサス州オースティンで開かれるサウスウエスト航空の会議にも出かけた。大勢の出席者に大化けの夢を当て込んだのだ。期待はずれだった。とはいえ2人の若者は、そこでシリコンバレーに顔の利くマイケル・シーベルの知己を得た。

チェスキーとゲビアは、コロラド州デンバーで開かれる民主党の会議に出かけ、大勢の出席者が突破口になるかと夢見た。またもや期待はずれだった。だが2人は、党大統領候補にちなんだシリアル――「チェンジの朝食」オバマ・オーズ（Obama O's）と「一口ごとに一匹狼」キャプン・マケインズ（Cap'n McCain's）――を考案して売り、驚くなかれ負債を返済できた。

とはいえ彼らのビジネスは、オースティンで縁ができたシーベルと再会した時には、ほぼ行き詰まっていた。シーベルは2人を買っていたので、Yコンビネーターに申し込んでみたらどうかと提案した。友人のポール・グレアムとともにシリコンバレーで活動している起業支援会社である。すでに締め切りは過ぎていたが、シーベルはグレアムと協力して、彼らの事業を選考対象にねじ込んだ。これが2人にとって最初の大きな突破口となった。グレアムはチェスキーとゲビアの事業アイデアには感心していなかったが、シリアルの話を聞くと、2人の才気に感心した。そこでシード資金2万ドルを提供し、おかげで2人は共同設立者ブレチャージクを呼び戻し、あと数か月は事業を続けられるようになった。

ほどなくして彼らは、次の大きな突破口を得た。バリー・マニロウのバンドのドラマーだったデイヴィッド・ローゼンブラッドがチェスキーとゲビアのサイトを聞きつけ、近く始まるツアーのために部屋ごと借りたいと言い出したのだ。創業者らは当初、自分たちが現場にいなければ朝食を提供できないからと断った。

だがこの要望が一皮むけるきっかけになった。それは当初のアイデアをいくらか軌道修正し、旅行中に部屋を貸したがる人がいるのではないかというものだった。

エア・マットレスなんかどうでもいい。朝食の提供も忘れよう。人々が街を離れるあいだ――バリー・マニロウの後ろでドラムを叩くためであれ何であれ――自宅を貸し出していくらか小遣い稼ぎをしたがる人は世界中に山ほどいる……。

こうしてairbedandbreakfast.comはAirbnb（エアビーアンドビー）[1]に改称し、するとすぐさま軌道に乗り始めた。エア・マットレスを貸し出して客を朝食でもてなしたい人は少なかったが、自室をそっくり貸し出したいと考える人は世界中に大勢いた（同社の物語の全貌はリー・ギャラガーによる良書『エアビーアンドビー　ストーリー』参照）。

だがまだ問題が一つ残っていた。運転資金だ。折しもグレート・リセッション（2010年前後の世界的経済後退期）のさなかで、世界中の投資家が財布の紐を締めていた。さらにホスピタリティ産業など小さくて相手にしていられないという投資家も多かった。

だがほどなくしてチェスキーとゲビアに最後の飛躍が訪れた。ある日、セコイア・キャピタルのパートナーでポール・グレアムの旧友グレッグ・マッカドゥーが、Yコンビネーターのオフィスに立ち寄った。マッカドゥーは多くの投資家の腰が引けている今こそ投資の好機だと思っていた。さらに彼は、不景気に会社を立ち上げられるのは異端者と信じていた。その上、なんとそれまでの1年半を休暇中の賃貸市場の研究に充てており、実際の市場規模は400億ドル程度と、他の投資家よりもはるかに大きく見積もっていた。彼はエアビーアンドビー一行と会い、直ぐに58万5000ドルの小切手を送る約束をした。エアビーアンドビーは今や、人々が求めるアイデアとそれを実行に移す資金を手に入れたのだった。株価総額数十億ドル規模への旅立ちだった。

タッド・フレンドが『ニューヨーカー』誌に記しているように、エアビーアンドビーの物語は「運まみれ」に見える。オースティンでのシーベルとの幸運な出会いがあった。Yコンビネーターでは、完璧な投資家マッカドゥーとの邂逅があった。バリー・マニロウのドラマーとの出会いも忘れるわけにはいかない。もしマニロウがまさにその時ツアーに出なければ、チェスキーとゲビアは正しいビジネスモデルを見出せないまま破産していたかもしれない。このビジネスモデルは、他の起業家たちが数年後に実現したかもしれないのだ。

ビリオネア起業家と苦闘で人生を棒に振る起業家の違いは、バリー・マニロウのドラマーから生まれた。時にはまさに破産を目前にしたときにマニロウがツアーに出かけ、あなたを億万長者への道に連れ戻してくれることもあるのだ。

サム・アルトマンはポール・グレアムの後任としてYコンビネーターのCEOになった人物だが、数千もの起業の成否を目撃したあげく独自のシリコンバレーの勝利の方程式を考案している。

２０１４年にスタンフォードで行った講義で、起業の成功の方程式は「アイデア×製品×実行×チーム×運。[2]運は０から１万までの変数」と総括しているのだ。

　膨大な数の無名の起業家や役者が、１０００だったり５００だったり０だったりする運変数を引き当てる。チェスキーとゲビアの場合は、それは１万だったようにも見える。


　成功は運次第とされる世界は少なくない。何より運に救われて成功したという人も多い。ノーベル経済学賞受賞者で『ニューヨーク・タイムズ』のコラムニストのポール・クルーグマンは、「時と場の利を得たのは僥倖だったと思う」と振り返っている。俳優ジョン・トラボルタは自らの成功を「運が良かったのさ」と語った。同じくアンソニー・ホプキンスも「ツキに恵まれたなと思うよ」と言う。

　だが我々は、人生の運を買いかぶってはいないか？　いくつかの興味深いデータは、**運が人生に及ぼす影響は一部で思われているほど大きくない**と示唆している。ある大規模調査では、常に幸運を呼ぶかのような興味深い行動様式を明らかにしている。

　運についての実証的な研究の萌芽は、ビジネス研究者ジム・コリンズとモーテン・Ｔ・ハンセンのそれに見出される。大企業と運の関連[3]を調べたものだが、結論は広くあてはまる。

　２人はまず歴史的な成功を遂げた「10倍企業」と称する会社をリストアップした。条件は、長期間にわたって同業他社の少なくとも10倍以上の株価を達成・維持するというもの。１９８０年から２００２年にかけての製薬会社アムジェン、１９６８年から２００２年にかけてのインテル、１９６５年から２００２年にかけてのプログレッシブ保険などがこれを満たす。

次にこれら10倍企業の各々について、同程度の規模からスタートしたが業績で出遅れた同業の比較対象企業を選んだ。アムジェンに対してはジェネンテック、インテルの比較対象はＡＭＤ、プログレッシブの場合はサフェコである。

そしてこれら各社についてのあらゆる文献を渉猟して「幸運イベント」と称するものを探した。どれだけ幸運に恵まれれば競合企業に勝てるのかを探るためである。

幸運イベントの定義は次の３条件とした。

1　その企業の主な関係者の動向とほぼもしくはまったく無関係に発生した大きな出来事
2　（良し悪しにかかわらず）潜在的に大きな影響があった出来事
3　何らかの予測不能性を含んだ出来事

著者らは実際に、10倍企業には多くの運があったと結論している。そのいずれについても、業績向上に大きく寄与した平均して７つの僥倖があった。たとえばアムジェンについては、林福坤という台湾生まれの科学者が近所に住んでいてアムジェンの小さな求人広告に応募してきた。林は同社の成功に非常に大きな役割を果たした。粘り強い研究のあげく、腎臓で赤血球を作り出すエリスロポエチンという糖タンパク質ホルモンを発見したのである。この発見がバイオテック産業史上最も収益性の高い薬エポジェンの開発につながった。もし林がたまたま求人広告を見なかったら、アムジェンはエポジェンの開発に漕ぎつけられなかった可能性が高い。もしそうだったら、アムジェンは10倍企業入りできなかったことは想像に難くない。

アムジェンは幸運に恵まれたように見える。同社にとって、成功は並外れた幸運のおかげだったと思うことは容易だ。競合企業にとっては「アムジェンは林と出くわした。我々にはそんなツキがなかった」と言うのはたやすい。

そしてコリンズとハンセンもこれを知ったときは、すべての成功企業はまぐれ当たりしたのだと思ったかもしれない。だが彼らは10倍企業の歴史を振り返ったのみならず、比較対象企業の歴史も振り返っている。

これらの企業はついぞ10倍企業ほど成功しなかったが、それなりに飛躍のきっかけは摑んでいる。たとえばジェネンテックは初めての遺伝子組み換え技術を使ったヒトインスリンの開発で他社に先んじてFDAの承認を得た。もし開発がわずかでも遅れていたら、この高収益市場で他社の後塵を拝していたかもしれないのだ。実際、コリンズとハンセンの研究では、アムジェンとジェネンテックはほぼ同数の幸運に恵まれている。

これがこの共同研究の驚くべき結論だ。様々な業界を横断して調べると、10倍企業と1倍企業との間に運による飛躍に大差はない。むしろ10倍企業は平均して約7つ、1倍企業は約8つの幸運に恵まれている。

コリンズとハンセンは成功した会社は必ずしもより多くの運に恵まれていたわけではない、どんな会社にもあり得た幸運を活かすのがより上手かったのだと結論している。

コリンズとハンセンは非常に重要な指摘をしている。ほぼどんな人でも、人生を通じていくつかの幸運に恵まれるものだ。人生を通じて一度も人に救われたことのない人、非常に才能豊かな人と組んだことのない人、必要なスキルセットを備えた人々と出会ったことがない人を想像してみてほしい。そんな人なら歴代もっとも不幸な人と言えるだろう。だが平均的な人生では、多くの幸運な機会に恵まれるものである。人であれ組織であれ、最も成功するのはこうした幸運な機会をとらえてそれを利用した人たちなのだ。

エアビーアンドビーの話に戻ろう。同社の逸話は運がビジネスにどれほど大切かを示しているかのようでもある。確かに同社はいくつかの幸運に恵まれた。だが彼らはそんな幸運を利用したのだ。どれほど多くの会社が破産寸前でシリアルを売り出さずにあえなく消えていったか？　どれほど多くの会社が社を救うために人脈づくりをせずに潰れていったか？　突破口を開く必要にせまられながら起業アクセラレーターに応募せずに消滅した企業は？　今やっていることがうまくいかないときに軌道修正せずに消えた企業は？

エアビーアンドビーは必ずしも異例なほど運に恵まれたわけではない。真剣にやっていれば誰にでも訪れる運を活かしたに過ぎない。さらに同社が稀に見るほど幸運だった、あるいはそう見えたにしても、世界的なコロナ・パンデミックで旅行需要が枯渇した際には大変な不運に見舞われている。

パンデミックが始まった当初、エアビーアンドビーの予約は72％減った。[4] 推定時価総額は310億ドルから180億ドルに急落、IPO（新規株式公開）も延期を余儀なくされた。だが大幸運企業のご多分に洩れず、同社は逆風時の立ち回りがうまかった。まずコストを削り、長期滞在に力を入れた。レイオフした社員らに異例なほど気前の良い退職包括案を提示し、予約客には払い戻しをして、好意的に報道された。IPOを目前にパンデミックに見舞われても泣き言を言わず、真剣に対策を施した。そして2020年末にはポジティブサプライズな収益を計上し、1000億ドル以上ものIPOを成功させた。[5]

コリンズとハンセンの研究は、成功した人や組織はツキに恵まれて飛躍したように見られがちな一方で、その底流には良き意思決定があることを示唆している。また成功した人や組織は、幸運に見える物事を実施していることを示唆している。実際、より新しい研究群の多くは、芸術分野での成功を調べた上で、こうしたツキを生み出す戦略を発掘している。データサイエンスの新しく最も魅力的な研究成果を総括するなら、幸運には底流をなすパターンがあるのだ。

## アートの世界で運を引き寄せる

良書『ネットワーク科学が解明した成功者の法則』（光文社未来ライブラリー刊）で、ノースイースタン大学の理論物理学者アルバート＝ラズロ・バラバシは成功の底流を成す数学的パターンを探求し、パフォーマンスの測定可能性は分野によって違うとしている。特にスポーツとアートでは対照的だという。[6]

スポーツ界では選手の能力は測定しやすい。絶頂時のマイケル・ジョーダンは間違いなく世界最高のバスケットボール選手で、誰よりも点を取り、チームをより多くのチャンピオンシップへと導いた。最盛期のマイケル・フェルプスは誰よりも速く泳いだ。ウサイン・ボルトが誰よりも速い走者であることも明らかである。

私のようなスポーツオタクは高校時代に人付き合いもせず、巷間トップ100位と言われている選手が実は86位だと明かす数式の開発に熱心だったりする。だがメジャーリーグ野球とマイナーリーグの違いはおおむね誰もが認めるだろう。世界的な選手はいずれ日の目を見るものだ。

だがアーティストともなると事情は違う。アートの世界では質は測定しにくい。一般人はおろか美術評論家でも芸術品の評価に難渋することは多い。『ワシントン・ポスト』のコラムニストのジーン・ワインガーテンは、世界的バイオリニストのジョシュア・ベルを説き伏せてワシントンDCの地下鉄駅で大道芸人として演奏させた。彼の演奏に立ち止まって聞き惚れたのは通りがりの1097人中わずか7人だった。[7]独自報道ジャーナリストのオッケ・「ダック」・アクセルスソンが4歳のチンパンジーに絵筆を持たせて描かせた「モダンアート」は多くの美術評論家から好評を博した。

美術館で青二才が絵画を、とりわけモダンアートを前に「どこが良いんだ、こんな作品」とほざくのを聞かされるのはうっとうしい。だがそんなうっとうしい青二才（私自身を含め）は、様々な研究の結果、得てして正しいと証明されている。

能力測定が難しい世界では、2つの大きな力学が働いているのだ。

## モナリザ効果――幸運で日の目を見た最高人気作品

第一は、私がモナリザ効果と呼ぶもので、予想外の出来事が成功に大きく寄与することだ。[*]

モナリザが世界で最も有名な絵画であることは作品の質のおかげと思う人もいるかもしれない。彼女の視線（どこから鑑賞しても見つめ返しているように見える）、神秘的な微笑、顔立ち（人の良さそうな広い額と細い顎の平凡な女性）などだ。

だがルーブル美術館に飾られ始めてからの114年間、この作品は全く同じ特質を保ちながら、数ある名画の一つに過ぎなかった。来る日も来る日も壁に掛けられて、他の世界的絵画に抜きんでるものではなかったのだ。

さて本書で初めての本物の犯罪の時間だ！

1911年晩夏のある火曜日（8月21日）の朝、警備員がモナリザが消失していることを発見した。[8] 壁には絵を支えていた4つのフックだけが残されていたのだ。

その日の夕方には、フランスの有力朝刊紙『ル・タン』の号外がモナリザ消失を報じた。翌日には消えたモナリザは世界中の新聞のトップ記事になっていた。

それまでモナリザなんて知らなかった人でも、知っていたふりをした。別に衝撃など受けていなくても、そうであるふりをした。「モナリザはいったいどこに行ったのか？」は、マスコミの報道合戦に煽られて世界的な現象となった。

当初、警察はドイツ人のある若者が盗んだものと疑った。この若者は何度もルーブルに通い詰めていて、ダ・ヴィンチ作品に惚れ込むあまり窃盗に及んだ、との容疑だった。あろうことかこの若者には同情が集中し、中にはそこまで好きなのなら少年に絵をやればよいではないかと言い出す識者もいた。

初期の捜査線上には米国金融界の大物Ｊ・Ｐ・モルガンも浮かび上がった。フランス人の多くは、モナリザを独占しようなどと考える鉄面皮は米国人だけだと思ったからだ。特に事件当時にモルガンがイタリアを旅行中だったとわかると、マスコミは彼を追い掛け回した。

また初期の捜査対象には、パブロ・ピカソを含む芸術家集団も含まれていた。当時のピカソは若い現代芸術家集団のリーダー的存在だった。特にこの集団が権威の打倒を旗印にしていたとの通報を得ると、警察はルネッサンス期の芸術の撲滅を目的に強奪劇を計画したのだと考えた。

大半の現実の犯罪のご多分に漏れず、真相は世間で取り沙汰されていた噂話より地味だった。

＊　つまりどんな角度から観ようがモナリザと見つめ合っているように感じる「モナリザ効果」とは別物である。

ルーブルのある下級職員が、モナリザを盗めば友人が持つ模写作品の価値が上がるだろうと考えて犯行に及んだのだった。そして2年後にこの作品をイタリアの画廊に売ろうとしたときに、警察は間抜けな窃盗犯を捕まえた。

そんな冴えない真相にもかかわらず、モナリザは不在の2年の間に未曽有の報道対象となっていた。そして古巣ルーブルに戻された折には、大勢の観客が押し寄せた。J・P・モルガンが独占欲に駆られたのでは、いやピカソが抹殺を画策したのだろうと世論を沸騰させた作品なら誰だって観たい。今や膨大な人の眼が、謎めいた視線、微笑、顔立ちに注がれた。

一見すると無関係な一連の出来事――青天の霹靂《へきれき》の盗難劇――が、世界で最も有名な美術館の数千枚もの名画の中から、モナリザを一頭地を抜く存在に押し上げたのだ。もし窃盗がなければ、モナリザはルーブル収蔵作品の一つとして、多くの旅行客がパリ観光の一部として横目で眺めて通り過ぎる存在にとどまっていたかもしれない。

もし窃盗がなければ、1996年のパリへの家族旅行で14歳の私が、他にニュージャージーから来た誰もこんな美術館なんか来ていないじゃないか、どうして僕だけがこんなバカな国のバカな街のバカな建物の中で壁にかかっているバカな絵なんか見なくちゃならないんだ、友人のガレットやマイクたちはこの瞬間にもメッツの試合を観戦しているだろうに、と癇癪を起こして無視した絵の一つだっただろう。モナリザ効果は大きいのである。

## ダ・ヴィンチ効果[9]——問題は作品ではない、誰の作品かだ

ただでさえ難しいアートの質の判断に、ダ・ヴィンチ効果が加わる。この用語は2017年に、ジェフ・アルワースのブログ記事で造られたものだ。芸術家の成功は雪だるま式に膨れ上がっていく、という効果だ。既に名声を得た芸術家には、人々はいそいそと金を払うものだ。

実際、専門家が作者への評価を変えるにつれて劇的に価値が変わった作品の例は枚挙にいとまがない。たとえばイエス・キリストの肖像画『サルバトール・ムンディ[10]』だ。2005年、この絵は1万ドル足らずで売られた。だがそれからわずか12年後の2017年、芸術作品として過去最高額の4億5030万ドルで取引された。こんな短期間にこれほどの価値変動があったのはなぜか？　この12年間に、専門家たちがこの作品の真の作者はレオナルド・ダ・ヴィンチだと信じるようになったからだ。換言すれば、同じ絵でもダ・ヴィンチが描いたとなれば4万5000倍以上の値が付くのである。

大成を願う芸術家は、モナリザ効果とダ・ヴィンチ効果に突き動かされる美術界でどう立ち回れば良いのか？　たいていは泣き言をいう。「世の中は全く不公平だ！　あの作品が私の作品より優れているはずはない！」通常なら私は泣き言に同情的で、むしろこれを処世の方便にしている。だがデータは決然とこれを撥ねつける。データサイエンスは芸術家として成功した人々、成功の蓋然性をわが身に引き寄せる方法を見出した人々に共通するパターンを浮き彫りにしている。

さらに特定の描画法や唱法と違い、こうした運を引き寄せて味方につける方法は、誰にでも実践できることなのだ。

## スプリングスティーンの法則──広く旅をして飛躍をつかむ

成功の法則を研究した物理学者バラバシやサミュエル・P・フライバーガー率いる研究班らは、アートの世界での成功の予兆を研究した[11]。彼らはマグナスというアプリを使った。これは展示会や絵画のオークションの情報を集めるもので、これを利用して芸術的成功のかつてない驚異的なデータベースを生み出した。

データは49万6354人の画家の職業生活の軌跡を示している。その全員について自作を展示した主な場所、販売した作品の主な価格を把握したのだ。

そして研究班は、まずダ・ヴィンチ効果めいたものを見出した。作品が特に権威ある画廊で展示されると、その後の成功確率が右肩上がりになるのである。作品が一流の展示会場──ニューヨークのグッゲンハイムやシカゴ美術館など──にひとたび展示されると、10年後にも作品発表を続けている可能性は39%もある。そしてこれら芸術家の半分以上が、その後も一流展示会場で作品を展示し続けられるのだ。彼らの作品販売最高額の平均は19万3064ドルである。一方、一流会場で展示されなかった画家のその後は、はるかに精彩を欠く。10年後にはその86%が美術界から姿を消している。彼らの89・8%は生涯にわたって一流の会場で作品を展示する機会は得られずじまいだ。作品の販売最高額の平均もわずか4万476ドル。

研究班は、ひとたび作品が主要会場入りすれば芸術家たちは画壇の仲間入り、その後も保証付きと述べている。美術館の学芸員も喜んで彼らの作品を展示し、客も喜んで作品に大枚をはたく。データははっきりと、こうした一部のアーティストの気楽な暮らしを浮き彫りにしている。成功が波のように押し寄せ、金がどんどん入ってくるのだ。

こうした「一丁上がり」芸術家の優遇ぶりを聞くと、腹を立てたり泣き言を言いたくなったりもするだろう。「私の作品の方が優れているのに」と画壇の輪に入れなかった者は言う。「あいつの方が売れるのは、単に肩書が優れているからだ」だがこんな泣き言は、重要な点を見逃している。一流クラブ入りした人の大半は、当初からそうだったわけではないのだ。お墨付きを得て順風満帆の自動運転になるまでには、何かをしなければならなかった。

ここからがフライバーガーらの研究の要点だ。部外者が一流クラブ入りに転じるまでの重要な戦略を明かしたのだ。「キャリア初期の絶え間ない会場探し」である。

研究班は、画壇の部外者を2つのカテゴリーに分類している。カテゴリー1は、作品を同じ画廊で繰り返し展示しているアーティスト。カテゴリー2は、自作を世界中の様々な画廊で展示しているアーティストだ。とはいえまだクラブのメンバーになっていないのだから、グッゲンハイム美術館は彼らの作品など受け付けない。だが飛躍の突破口を狙う芸術家は、作品を展示してくれる美術館や画廊を見つけ出している。

**カテゴリー1の若い男性アーティストの展示スケジュール**[12]

| 展示日 | 街 | 国 | 施設 |
|---|---|---|---|
| 2004-02-13 | ワイタケレ市 | ニュージーランド | コーバン・エステート・アーツ・センター(CEAC) |
| 2005-02-15 | ヘーネベイ | ニュージーランド | メラニー・ロジャー画廊 |
| 2006-03-14 | ヘーネベイ | ニュージーランド | メラニー・ロジャー画廊 |
| 2007-04-17 | ヘーネベイ | ニュージーランド | メラニー・ロジャー画廊 |
| 2007-10-02 | ヘーネベイ | ニュージーランド | メラニー・ロジャー画廊 |
| 2008-04-15 | ヘーネベイ | ニュージーランド | メラニー・ロジャー画廊 |
| 2008-07-05 | ローワーハット | ニュージーランド | ザ・ドウス美術館 |
| 2008-09-09 | ヘーネベイ | ニュージーランド | メラニー・ロジャー画廊 |
| 2009-02-11 | ヘーネベイ | ニュージーランド | メラニー・ロジャー画廊 |
| 2009-08-29 | クライストチャーチ | ニュージーランド | クライストチャーチ美術館テプナ・オ・ワイワト |
| 2009-10-21 | ヘーネベイ | ニュージーランド | メラニー・ロジャー画廊 |
| 2010-11-24 | ヘーネベイ | ニュージーランド | メラニー・ロジャー画廊 |
| 2010-11-30 | ウェリントン | ニュージーランド | バートレー・アンド・カンパニー・アート |
| 2011-01-26 | ヘーネベイ | ニュージーランド | メラニー・ロジャー画廊 |
| 2011-10-04 | ウェリントン | ニュージーランド | バートレー・アンド・カンパニー・アート |

この2つのカテゴリーの違いは、両カテゴリーに属するアーティスト各々の作品の展示スケジュールに見て取れる。まずはカテゴリー1の芸術家。結局、日の目を見ることのない方だ。

このカテゴリー1芸術家は、母国の同じ会場で繰り返し自作を展示していることに気付いてほしい。

次にカテゴリー2芸術家の、展示スケジュールを掲げる。後に成功を摑むドイツの芸術家デイヴィッド・オストロフスキーのものだ。

オストロフスキーはカテゴリー1の芸術家と違い、様々な国の様々な展示会場で作品を展示していることに注目してほしい。彼は「キャリア初期の絶え間ない会場探し」を実行し、どれほど遠方でも訪れた機会に食らいついていった。

フライバーガーら研究班は、カテゴリー2の芸術家——オストロフスキーのように幅広い会場で作品を展示する芸術家——は長く成功したキャリアを送ることが6倍も多いと結論している。

どうして同じ会場で繰り返し作品を展示するより、幅広い会場でそうした方が後に成功しやすいのか？

研究班はデータを精査し、中には次々に芸術家を飛躍させている会場があることを発見した。たとえばハマー美術館、ディッキンソン、ホワイトキューブなどは、必ずしも最も有名な美術館ではない。また当時どの会場が「上げ会場」なのかを知る術もなかった。だが飛躍した芸術家は展示機会を模索するうちにこうした会場に出くわしたのだろう。一方、部外者組は同じ場所にと

| | | | |
|---|---|---|---|
| 2011-12-02 | ケルン | ドイツ | マイク・ポッター・プロジェクト |
| 2011-12-03 | アムステルダム | オランダ | アーティ・エ・アメシティエ |
| 2012-01-28 | ケルン | ドイツ | バートホールドポット |
| 2012-02-25 | チューリヒ | スイス | ボルトラング |
| 2012-03-02 | ケルン | ドイツ | フィリップフォンローゼンギャラリー |
| 2012-03-03 | アムステルダム | オランダ | アムステル41 |
| 2012-03-09 | ケルン | ドイツ | ケルンベルク芸術協会 |
| 2012-03-12 | ロンドン | 英国 | ロッド・バートン |
| 2012-03-24 | ケルン | ドイツ | ジャグラショールーム |
| 2012-04-16 | ケルン | ドイツ | アートグループ |
| 2012-04-19 | ケルン | ドイツ | フィリップフォンローゼンギャラリー |
| 2012-04-26 | ベルリン | ドイツ | セプテンバー |
| 2012-04-28 | ライプツィヒ | ドイツ | シュピナハイ |
| 2012-07-10 | ニューヨーク | 米国 | シュート・ザ・ロブスター |
| 2012-07-21 | デュッセルドルフ | ドイツ | フィララコレクション現代美術 |
| 2012-10-28 | ロサンゼルス | 米国 | ロサンゼルスLtd. |
| 2012-11-03 | チューリヒ | スイス | ボルトラング |
| 2013-01-15 | ミラノ | イタリア | ブランド・ニュー・ギャラリー |
| 2013-03-01 | ベルリン | ドイツ | ペレスプロジェクト |
| 2013-03-07 | ケルン | ドイツ | ケルン市立博物館 |
| 2013-04-01 | ブリュッセル | ベルギー | ミドルマーチ |
| 2013-04-03 | サンパウロ | ブラジル | ホワイトキューブ |

**カテゴリー2の若い男性アーティストの展示スケジュール**

| 展示日 | 街 | 国 | 施設 |
|---|---|---|---|
| 2005-10-19 | ケルン | ドイツ | アートと音楽のための会場 |
| 2005-11-13 | オイペン | ベルギー | オイペンIKOP現代美術博物館 |
| 2006-10-20 | カルバーシティ | 米国 | フェッツ・ギャラリー |
| 2006-10-25 | ケルン | ドイツ | アートと音楽のための会場 |
| 2007-09-03 | デュッセルドルフ | ドイツ | アートボディ |
| 2007-12-07 | ケルン | ドイツ | アートと音楽のための会場 |
| 2008-09-07 | デュッセルドルフ | ドイツ | ファースト・フロア・コンテンポラリー |
| 2008-10-11 | 台北 | 台湾 | アキ・ギャラリー |
| 2010-06-26 | デュッセルドルフ | ドイツ | ペイントボックスパーク駐車場 |
| 2010-07-03 | ヘルシングエーア | デンマーク | カルチャウルセット・トルカメレット |
| 2010-11-13 | バンクーバー | カナダ | 304デイズ・ギャラリー |
| 2011-02-25 | ミュンヘン | ドイツ | ダンススクール プロジェクト |
| 2011-03-06 | ハーグ | オランダ | ネスト |
| 2011-06-23 | ケルン | ドイツ | フィリップフォン ローゼンギャラリー |
| 2011-07-01 | ベルリン | ドイツ | アウトセンター |
| 2011-11-18 | ハンブルグ | ドイツ | サロン・ザ・プレゼント |

どまってこうした会場との出会いを逃したのだ。

　フライバーガーらの共同研究を調べている時、私はブルース・スプリングスティーンがニューヨーク市の2会場で集中開催した連続コンサート『スプリングスティーン・オン・ブロードウェイ』を観た。スプリングスティーンは21歳だったころの体験を振り返っている。その時彼はすでに、故郷ジャージーショアのバーでロック演奏の研鑽を何年も積んでいた。そして若き日の彼は、フライバーガーらのビッグデータ共同研究の成果を本能的に感じ取っていた。才能だけではだめだ、見出される努力をしなければ、と。本人による当時の問題分析は次のようなものだ。[13]

　ラジオでかかった曲に「俺と大して違わねえな」とか「俺の方がいいくらいだ」と思った。で、何で俺は芽が出ないんだ？　答えは腐れ田舎に住んでいたからだ。ここには何にもねえ、誰も来やしねえ……。墓場だよ。１９７１年、未来の大スターを見つけに誰がジャージーショアくんだりまで来るっていうんだ。誰も来やしねえよ。


　スプリングスティーンはカテゴリー1アーティストになる危機に瀕していた。同じ場所で繰り返し演奏し、日の目を見るのを待っていた。そしてこれではダメだ、カテゴリー2入りしなければ、世界中を飛び回ってチャンスを掴むんだと悟った。

　コンサートのステージトークで、スプリングスティーンは21歳の時にバンドのメンバーと話し合ったことを振り返った。「ジャージーショアのくびきから逃れなきゃだめだ。もしいろんな人に聴いてもらい見出されたきゃな」

サンフランシスコに伝手のある友人を通じて、彼はカリフォルニアのビッグサーで大みそかまでの3日間のショーに出演する機会を得た。バンド一行で1台のステーションワゴンに乗って大陸を横断した。途中、停車したのは給油の時だけ。

それからの数年間、スプリングスティーンはカテゴリー2のアーティストとして生きた。国中を回り、どんな演奏のチャンスにも飛びつき、レコードプロデューサーのオーディションを受けては落ちた。やがて旅行中に知り合った友人がミュージシャン・マネジャーを紹介してくれ、その伝手でニューヨーク市のコロンビアレコードのオーディションに漕ぎつけた。それが彼のデビュー作につながった。今やドアは開いた。そして彼の雪だるまは坂を転げ落ちる寸前だった。今では誰もが彼の曲を演奏したがる。だが駆け出しのころのスプリングスティーンの曲なんて誰も洟もひっかけなかった。ジャージーショア出身の無名の男の曲など。

人はブルース・スプリングスティーンが大成したのは、抒情的な歌詞と力感あふれる演奏のおかげだと考えがちだ。あれだけパワフルに歌えるなら世界的な有名アーティストになって当然だ、と。確かにそれらは必要だが、それだけでは不十分だ。ブルース・スプリングスティーンが大成したのは、21歳にして年末に車で大陸を横断してショーを敢行したためでもある。おそらくスプリングスティーン並みに才能がありながら、カテゴリー1アーティストとしていつも同じ場所で演奏を繰り返し、マグナスのデータの芸術家のように見出されるのを待ちながらついぞ見出されない人がいるのだろう。アーティストとして成功するには、才能以上のものが必要だ。糸口がつかめるかもしれないと思ったら国の反対側まで車で走破しなければならない。スプリングスティーンは、デイヴィッド・オストロフスキー他の多くの成功したアーティストと同じく、裸一貫で運を切り開いたのだ。

芸術家のビッグデータから得た教訓は、芸術家以外にも往々にして当てはまる。あなたの仕事の分野が完全な実力主義なら、飛躍を求めて全国を飛び回る必要はないかもしれない。第一級のアメフト選手なら大学のプロ・デイでプレーすれば、国中のスカウトが見に来てくれる。

だが多くの分野はスポーツよりもアートに似ている。質の評価がより難しい分野ほど、画家と同じことが勘所となる。

まだ大成功を摑めていないのなら、ビッグデータが浮き彫りにした有象無象の芸術家のようであってはいけない。あなたの才能を見る目もコネもない上司の下で働いていても始まらない。才能ある人々を数十年も腐らせている場所に留まるべきではない。働いている場所がハマー美術館、ディッキンソン、ホワイトキューブのようでないと思ったら飛び出すべきだ。**もし今いる場所で運が回ってこないのなら、今後もおそらく運には恵まれない。**

**動いて運を摑め！**

## ピカソの法則――運を引き寄せたければ多作せよ

カリフォルニア大学デイビス校の著名な教授ディーン・サイモントンは、今や伝説となった研究で、とても興味深い傾向を見出した。多作なアーティストほど売れる傾向がある[14]というものだ。様々な分野において、作品の量と、様々な方法で測定した作品の質との間には相関関係が見出せるというのである。

史上最も有名なアーティスト、その作品が傑作とみなされる人々は、驚くほど多作である。アダム・グラントが秀作『ORIGINALS　誰もが「人と違うこと」ができる時代』で述べているように、シェイクスピアは20年間に37の戯曲を書いている。ベートーヴェンは６００曲以上を作曲し、ボブ・ディランは５００曲以上を書いている。だがおそらく量産という点ではパブロ・ピカソの右に出る者はないだろう。ピカソは１８００点以上の絵画と１万２０００点ものデッサンを残している。だが有名な作品は、そのほんの一部なのである。

なぜ量産がそれほど芸術的成功の予兆になるのか？　一つには、極端に才能のある芸術家は作品の量産と名作の創造を両立しやすいのかもしれない。

最盛期のディランは、あまりにも多くの曲を書いたので、自作曲を忘れるほどだった。

ある日ディランは友人のジョーン・バエズと一緒に車の中でラジオを聴いていた。バエズの曲が掛かった。ディランはその曲「ラヴ・イズ・ジャスト・ア・フォー・レター・ワード」に覚えがなかったが気に入った。
「名曲だ」彼は言った。
「あなたが書いたのよ」[15] バエズは言った。

多作と芸術的評価が関連するもう一つの理由は、早く成功すると多作する助けを得やすくなるからかもしれない。

だがさらに重要な理由が他にある。**量産するほど運に恵まれやすい**のだ。

こう考えてみてほしい。作品のヒットを宝くじのようなものとする。つまり予想できない出来事が時には桁外れの成功につながる世界だ。他の芸術家よりも多くの作品を生み出していれば、当せん確率もそれだけ高まる。

作品を数多く世に問うことは芸術家にとって特に大切だ。なぜなら芸術家は、傑作を自覚できるとは限らないからだ。ベートーヴェンの書簡を研究すると、ある曲について彼は少なくとも8回、不出来だとこぼしていた。[16] だがこの曲の世評は高い。

ウディ・アレンは完成した映画『マンハッタン』が気に入らず、制作会社のユナイテッド・アーティスツにボツにするよう依頼した。この映画を世界に公開されるくらいなら別の作品を無報酬で製作するからとまで言った。ユナイテッド・アーティスツはアレンの判断を覆し、『マンハッタン』を世界中で公開し、すぐさま傑作の評価を得た。

ブルース・スプリングスティーンは3作目『明日なき暴走』を完成させたとき、気に入らなかった。[17]

「それまでで最悪のゴミだと思った」と彼は言った。作品の発売中止を求めたが、プロデューサーのジョン・ランドーに押し切られた。

タイトル曲や「涙のサンダー・ロード」、「凍てついた十番街」などを収録したこのアルバムはヒットした。おかげでスプリングスティーンは『タイム』や『ニューズウィーク』の表紙を飾り、『ローリングストーン』誌からは「最高傑作」の評価を得て、後に史上もっとも偉大なロックンロール・アルバムの一つに選出された。幸いにもベートーヴェン、アレンそしてスプリングスティーンは、不安とは裏腹に作品を世に問うた。だが彼らと肩を並べるまでに至らなかった多くの芸術家らはそれをしない。自分で没にしてしまうのだ。

もちろんもしアーティストが自作を十分客観的に評価できるのなら、どれだけ寡作でも構わない。だがそうではないのだ。だから自作の発表に怖気づいてはいけない。より多くの作品を世に問うほど、意外な好評に驚かされることも増えるのだ。

では量は質を凌駕するのか？

実際、サイモントンは科学界でも同じ傾向を見出している。最も論文を量産した科学者が主要な賞を受けやすいのだ。量が高評価に結びつくことは、他の分野でも確認されている。

## デートのピカソ効果

第1章では、ある種の人々がよりモテるエビデンスを嫌というほど紹介した。さらに、容姿端麗な人の方がメッセージに返信を得やすい一方、それを無視する傾向が強いという当たり前な研究成果も紹介した。

おさらいにこの図を再掲しよう。

今更ながら意外性はない。データは単にデート界では容姿が肝心と言っているだけである。だが第1章では、実際の返信率については深掘りしなかった。その数字を詳しく見てみよう。最も魅力度の低い男性（1〜10パーセンタイル値。全データの1〜10％がこれ以下に位置する値）が最も魅力的な女性（91〜100パーセンタイル値）にメッセージを送るとどうなるか？

さて、その返信率やいかに？　私はたぶんすごく低いだろうなと思った。1％程度？　せいぜい2％か？　3％あれば上出来？　何せ最下位10デシル（十分位数。度数分布を十等分した最低群）の男が、容姿で最高位10デシルの女に粉をかけようというのだ。最下位10％が最上位10％を口説くとは身の程知らずな話ではないか！

実際、この場合の返信率は14％に上る。他の条件は全て同じで男女の性別だけ逆にすると返信率はさらに好転し、なんと29％。もちろん返信すなわちデートではないが、一部はそうなる。そしてこの身の程知らずなチャレンジが意外に捨てたものではないという傾向は、他の研究でも確

最も ハンサムな男による、容姿水準別の女性への返答率

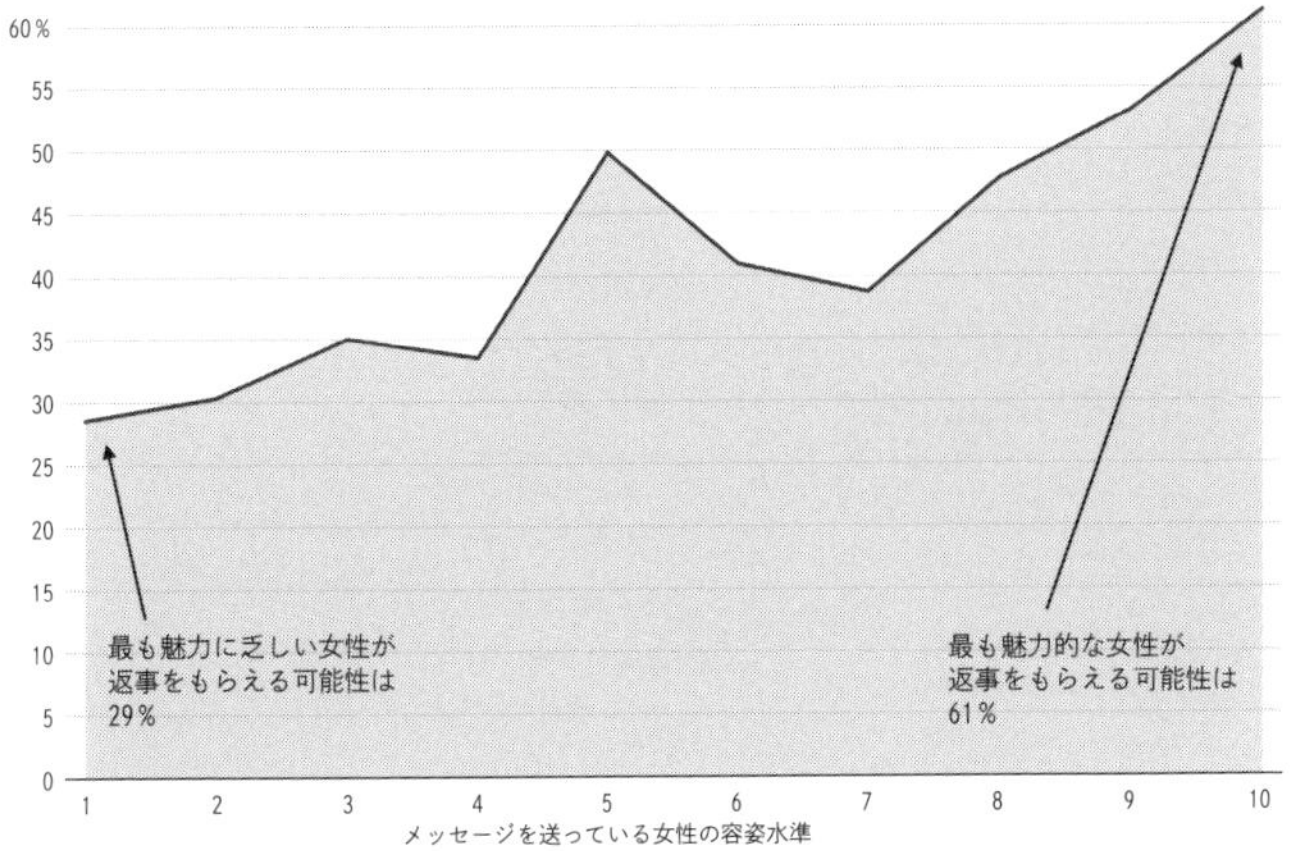


出典：Hitsch, Hortaçsu, and Ariely (2010)。Günter Hitsch 提供データに基づき Datawrapper で作成。

最も美しい女による、容姿水準別の男性への返答率

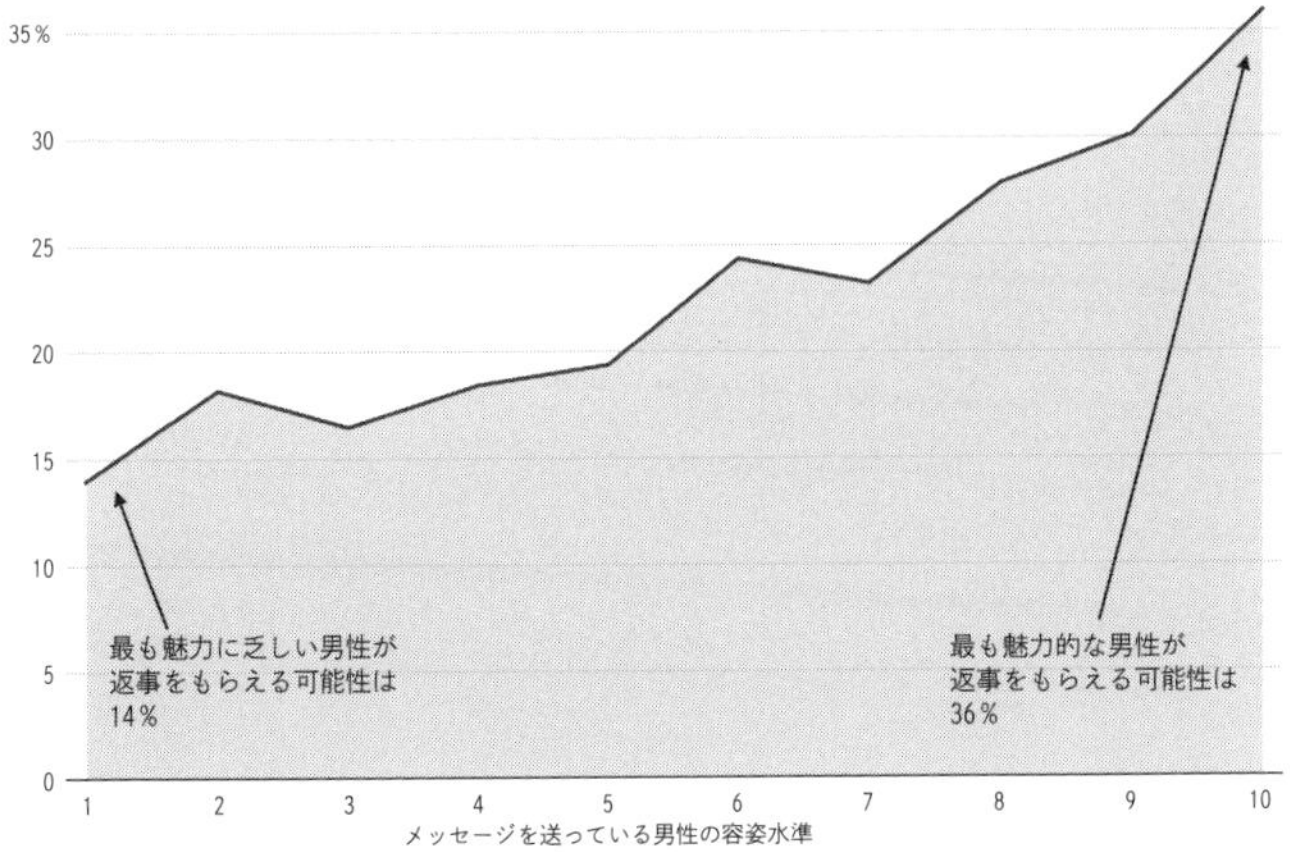


出典：Hitsch, Hortaçsu, and Ariely (2010)。Günter Hitsch 提供データに基づき Datawrapper で作成。

認されている。エリザベス・E・ブルークとM・E・J・ニューマンは、調査方法、データ、対象とする出会い系サイトこそ違え、次のような結論を得ている——サイト登録者で最も魅力のない男たちが[18]最も魅力的な女性たちにメッセージを送ったところ、返信率はざっと15％で、男女が逆の場合の返信率は約35％に上った。

これら思ったほど捨てたものではない返信率は、最善のデート戦略を示唆している——数打ちゃ当たる、のだ。

たとえば、ブルークとニューマンの研究で、魅力度評価が最低群の男がいたとする。彼はサイト登録者の中でもとびっきりの女性とデートしたい。第1章でも論じた通り、これは長期的な幸せをつかむ良策ではない。最も魅力的とされる資質は得てして長続きする関係に結びつかないからだ。だが今はその議論は脇に置く。

彼は絶世の美女とデートしたいが、自分が一般的なイケメンではないことは自覚している。データもそんな女性は高嶺《たかね》の花、ヒジ鉄食うのが関の山と教えている。

だが金星狙いは思ったほど悪手ではないので、めげずに数打つうちに「イエス」を得る確率は驚異的に急上昇していく。

ブルークとニューマンの研究で使われた推計式によれば、最も魅力に乏しい男が最も魅力的な女に受け入れられる可能性は15％である。

そんな女性4人にメッセージを送れば期待返信率は48％。10人なら80％だ。では30人をデートに誘ったら？　驚くなかれ99％の確率で少なくとも誰か1人が応じてくれるはずである。

しかもこの計算は、男女を逆にするとさらに高くなるのである。これがおそらく、さる別の研究で異性愛者の女性は自ら積極的に男性にアプローチするほど彼氏ができやすい[19]と結論している理由だろう。

デート界では数打ちゃ当たる。ピカソが作品を量産してその一部が世界に認められたように、**デート界では積極的に数多くアタックした人がパートナーを射止めやすい。**

そしてデート界でも芸術界と同じく、あらかじめ自己否定しないことが重要である。多くのアーティストは自作の価値を正確に認識できないことを思い出してほしい。

デート界では、どれほど多くの人があの人とデートしたいけどどうせ無理だと思っていることか。高嶺の花だ、身の程知らずだとあきらめて声さえかけずじまいな人は？　自分みたいな「ゴミ」にはデートを申し込む資格はない、恥をかく前にと自ら身を引く人は？

そうした不安に駆られることは数学的に誤りである。素敵だと思うけれど手が届かないと思う相手には確かに手が届きにくいが、絶対にそうとも限らないのだ。

私はこの事を身をもって体験している。35歳になるまで、私はおよそデート界のパブロ・ピカソではなかった。実際、女性をデートに誘った回数は片手で数えられるほどだろう。

大学院時代、とても美しく聡明な女性がいてのぼせ上がった。ちょっかいを出したが、デートに誘う勇気はなかった。僕が？　彼女と？　馬鹿げている、あり得ないさ……。

数年後、彼女が私に誘われるのを待っていた、もし誘われたら快諾していたと知った。幸い、それから私も年齢を重ねて、幸せはもっと強気で摑まないと、と学んだ。美しく、聡明で、快活なジュリアに出会ったとき、何よりも彼女は人生に充足し、向上心があり、良心があり、しっかりしたアタッチメントスタイルを持っていた。ダメ元でも告白せずにはいられなかった。自分からあきらめてたまるか。「ノー」は聞き飽きたが、時には「イエス」を聞くことだってあったはずだ。

ジュリアとの初デートの際（パンデミックのせいで彼女の家の屋上で飲んだ）、ボディランゲージから、ああやっぱり見込みはないなと思った。彼女は私より5センチも背が高く、正統的な美人で、社交的で、人好きがする。

ここで持ち前の敵前逃亡の悪癖が頭をもたげた。その場から逃げ出してこれっきり会わなきゃいいんだと心が揺らいだ。次のデートもどうせ断られるのがオチだし……。

だが私はそんな悪癖を克服した。内心ヒヤヒヤものだったが、思い切って夕食でもどうと切り出した。夕食は2度目の、そして3度目のデートにつながった。そして僕たちの関係は1周年を迎えた。そんなこんなの間に、彼女が初デートで私にぞっこんだったと聞かされた。もし私がその場から逃げ出したら悲嘆にくれて友人たち全員に一斉メールで自分のどこが悪かったのかを聞いてまわったでしょうね、と。私の経験から、不安は誤解されやすいこと、自己否定は危険な誘惑であることを、学んでほしい！

クリス・マッキンレイも相手に選ばれて恋愛を成就させるデート術を学んでいる。雑誌『ワイアード』が「真実の愛を見つけるためにOKキューピッドをハックした数学の天才」と呼ぶマッキンレイは、数打ちゃあたる式以外に恋愛運をアゲる方法を見出した。サイトをハックして、自分のプロフィールをより多くの人に見てもらうようにしたのだ。[20]

このサイトでは、男性が女性のプロフィールを閲覧するたびにその女性に通知が送られる。そこでIT猛者の彼はボット（自律作動プログラム）を書き、無数の女性のプロフィールを閲覧するように設定した。手作業ではとても間に合わない規模だった。

こうして女性のプロフィールを閲覧する数を増やすだけで、相手から興味を持たれることも劇的に増えた。この戦略を開始してからほどなくして、彼のプロフィールは日に400件以上も閲覧され、20件のメッセージが送られてくるようになった。

おかげで彼は数多くのデートに恵まれ、88番目に会ったのがクリスティン・ティエン・ワンだった。それから1年ほど過ぎて2人は婚約した。

デートは数のゲームだ。そしてマッキンレイはシステムをハックして数を味方につけたのだ。

## 求職のピカソ力学

求職機会の数を増やすだけで、職業生活を大幅に改善できる。ある最近の研究では数百人の科学者を対象に彼らの求職活動の特徴を分析した。応募案件、漕ぎつけた面接、提示された採用案件などである。その結果、1件の内定を提示されるまでに、[21]科学者は平均15校に求職していた。

さらにこの研究では、調査対象者の求職活動が不十分である可能性もわかった。求人応募数と面接数は比例していた。そしてより多く出願した人ほどより多くの面接に漕ぎつけ、採用通知を受けていた。

これは衝撃的な研究だ。科学者たちは数週間にわたって60時間も費やして何とか夢の研究職を得る努力をする。しかしその多くは、さらに数十時間を追加で費やして応募対象を広げようとはしない。そうすれば採用の見込みが増やせるのかもしれないのに、である。

研究職にはくじのようなところがある。そしておそらくくじに当たる者は、人より多くの時間を投じてくじを買い集めた人物のようだ。量を増やせば職の質が高まる可能性があるのだ。

データに学べば、幅広く出かけて知ってもらう機会と成功の見込みを増やすことができる。私流に言えば、幸運はデータに学ぶ人をひいきする。

大きな結果を得る見込みを改善するためのもう一つの方法がある。見栄えをよくすることだ。これはとても重要なので、次章をそっくり費やす。

**次章の予告**

機械学習と個人情報収集から、見栄えを最も良くする方法を学ぼう。

# 第7章 オタク流イメチェンの方法

私は6歳にして母に言った。「なんでこんな変な顔なの？」
子供の頃から、よく外見をイジられた。耳がデカすぎるだろ、なんでそんなに鼻が広いんだ、おでこが広すぎじゃん……。

容姿についての自己評価は、6歳から38歳に至るまで、穏やかな失望と深い落胆の間を揺れ動いた。実際、デビュー作『誰もが嘘をついている』を出した後に陥った深い鬱の時期に、私は新しいセラピストと面談し、開口一番に「僕は醜い。おかげで人生台なしだ」と言った。

私は長らく容姿に自信が持てなかったが、抜本的にどうにかする気もなかった。実際、容姿に対する不安対策はそこから目を逸らすことだった。スキンケアもおろそかに、服装もお構いなし、散髪もめったにしない。冴えない外見についての自虐ギャグばかり言っていた。

だが数か月前、やるんだ、容姿を何とかしよう、とついに決心した。実際、自らデータ分析を敢行し、最適なイメチェン法を探った。史上最もオタクっぽいイメチェンの試みとも言え、あなたにもきっと参考になるはずだ。

なぜそんな気になったのかって？　容貌科学の世界に足を踏み入れたからだ。容貌科学では容姿について2つの重要な発見がなされている。第1は、実にうんざりする発見だが、世渡りは容姿に深く影響されているということだ。実際、容姿はたいていの人が思っているよりはるかに深く人生の成功に関わっている。第2は、いくらか心強い発見だが、見栄えはかなり改善できる。実際、たいていの人が思っているよりはるかに大きく……。

## 人は見た目が肝心

シカゴ大学のアレクザンダー・トドロフは、世界第一級の顔の専門家[1]である。トドロフ――がっしりした鼻、ほどほどに突き出た耳、親しみやすく柔和で知的な顔立ちをしている――は、様々な領域で顔立ちがどれほど重要かを研究した。[*]
たとえば政治という重要な世界を考えてみよう。世間は重要な選挙にはふさわしい候補に勝ってほしいと期待する。何せ、何兆ドル規模の予算配分を決する人々なのだから、相応の能力を持った人たちを選んだのだと思いたがるのもやまやまだ。誰よりも勤勉な人か、最も賢明な政策判断をしてくれる人を。
だがアレクザンダー・トドロフ他が明かしたように、大きな選挙の勝利者はえてして単に見栄えのする人物である。

ある研究で、トドロフの研究班は上・下院選での民主・共和両党の候補の顔写真を数多く集めた。そして被験者グループに、より有能そうな候補はどちらかと聞いた（顔写真の候補者を知っていた被験者は除外した）。

科学的研究か顔かたちの値踏みが好きな人は次のページの設問をやってみてほしい。

2人のうち、どちらが有能そうに見えるか？

おそらく右側の紳士と思ったのではないか？

もしそうなら、被験者の多数派と同意見だ。被験者の90％は右の方が左よりも有能そうだと答えた。そしてそう答えるまでにあまり時間はかからなかった。平均してざっと1秒で右の方を選んでいた。

では、この2人はいったい誰？

彼らは2002年米上院議員選のモンタナ州の候補者である。より適格そうに見える右は民主党候補マックス・ボーカス、左は共和党候補のマイク・テイラーである。

9割方が選んだボーカスは、両党一騎打ちのこの選挙で66％の得票率で圧勝した。要するに有権者は、候補者の写真を見て1秒足らずで良さそうな方に票を投じたのだ。

このパターン——よりふさわしく見える候補が選挙で勝つこと——は、ほんの皮切りに過ぎ

＊　トドロフの著書に『第一印象の科学』がある。一読巻を措くに能わざる良書で、ご一読をお勧めします。

出典：使用するすべての政治家の写真はFiscalNote/Congress At Your Fingertipsより、許諾を得て使用。

ない。

トドロフらの設問をもう少し試してみてほしい。やはり2枚の写真を見て、どちらが議員としてよりふさわしいかを判断されたい。またもや私はあなたの回答に見当がついている。次ページの上段の2人では右、下段の2人では左の男性を選ぶのではないか。

もし私の予想通りなら、あなたは多数派だ。いずれも約90％の被験者が選んだ通りだ。

つまり大半の人がよりふさわしく見えると思う候補が、実際に選挙に勝っているのである。上段右側は共和党のパット・ロバーツ。彼は2002年上院選カンザス州選出議員として82・5％の地滑り的大勝を果たした。敗れた左はリバタリアン党のスティーブン・ロザリである。下段左は共和党のジャド・グレッグ。2004年のニューハンプシャー州選出上院議員選で、

vs.

vs.

右の民主党候補ドリス・ハドックを66%の得票率で下している。

　実際、トドロフら研究班の全調査を通じて、被験者の過半数が選んだ方が、[2] 上院選では71・6%、下院選では66・8%の率で勝利していた。そして**外見的なふさわしさが選挙で重視されることは、人種、年齢、性別など他の要素を調整してもなお当てはまる。**

　トドロフらの研究によれば、切れ者風の人がいる一方で、凡庸そうに見える人もいる。そして有権者はえてして前者を選びがちなのである。あるいはトドロフらの総括によれば「有権者は、私たちが信じたがっているよりはるかに浅薄である」。

　1992年にビル・クリントンの選挙参謀を務めたジェームズ・カーヴィルは、有権者が最も気にしていることは何かという議論で、「そりゃ経済だよ、おバカさん」と有名なせりふを吐いた。だが研究によれば、こと大選挙で大衆の支持を勝ち得るのは「それゃ見栄えだよ、アホたれ」である。


　容姿外見が立身出世に重要なのはこと政界に限った話ではない。また顔立ちから人が感じ取るのは適格性だけでもない。我々は人を見て、信頼に足るか、どれほど優秀なのか、外交的か、どれほど精力的か、など様々な印象を受けている。

　トドロフらの研究によって、政界で最も重要なのは適格性の印象であるとわかった。だが他の領域では、容姿が与える他の印象——そしてそれに伴う別の属性——がより重要になってくる。

威圧的な容貌

迫力を欠く容貌

たとえば軍隊を考えてみよう。

ウエストポイント陸軍士官学校の士官候補生のキャリア上の成功を最も予言することは何かという研究がある。ここでは士官候補生の在学中の様々な属性と卒業後20年で達した階級をデータベースにした。

さらに出身家庭の裕福度、在学中の学業成績、運動能力測定の結果なども盛り込んだ。最後に個々の学生の卒業写真の印象を聞いた。

その結果、士官候補生がどこまで出世するかを決めるある一つの要因が絞り込まれた。家柄でも、優秀さでも、運動能力でもなかった。実際、これらは出世の予想因子としてはごく弱かった。

最大の予想因子となったのは[3]顔写真の印象だった。威圧的な顔立ちの者は大佐から准将に、准将から少将に、少将から中将に出世しやすかったのだ。

ウエストポイントに行く優秀な者の中でも、強面《こわもて》の者が上級士官になるのだ。

この研究を含めて多くの研究が容貌と待遇の関係を探っているが、正直言って、うんざりする。人間がこれほど見てくれにこだわり、そんな浅薄さがこれほど重大な結果を生んでいるなんてやりきれない。

これらの結果は、立場にふさわしい容姿に恵まれなかった人にとっても救いがないように見える。適格性を感じさせない容貌の人にとっては政界での立身は見込みがないのか？　押し出しの弱い人は、軍での出世は不可能なのか？

そうでもない。

この研究には、面白いひねりがある。そして科学的文献のひねりの他の例に漏れず、これも『となりのサインフェルド』に何より巧みに織り込まれている。

## 見た目は変わる

『となりのサインフェルド』の第9シーズンの第10話で、ジェリーはグウェンという「2つの顔」を持つ女性とデートする。彼女はとても魅力的なこともあれば、実に不美人に見えることもある。光線の加減によって美人度が10段階の8や2へと変わるのだ。

エピソードの中ごろで、ジェリーはグウェンを友人のクレイマーに紹介するが、その折の彼女は非魅力的な側面を見せていた。そしてエピソードの後半でクレイマーは、ある見知らぬ女性とすれ違い、一目惚れする。実は光線の加減が良い時のグウェンで、ジェリーと付き合っているのだとクレイマーに告げる。クレイマーは言った——まさか、あり得ない、最近ジェリーの彼女に会ったがあなたとは似ても似つかぬブスだった、と。

グウェンはそれを聞いて、ジェリーが別のブスと自分に二股かけていると思い込んだ。エピソード終盤でグウェンはジェリーと対峙し、ブスと会っていることを知ってんのよと怒鳴りつけ、出て行こうとした。ジェリーは、浮気などしていない、帰ってきてくれと懇願するつもりで後を追った。しかし玄関で彼女に追いついた時、グウェンは折しもブス側の表情を見せ、ジェリーの熱も一気に冷め、踵《きびす》を返した。

「玄関の光線の加減が悪かったんだ」とジェリーは言う。

科学の教えるところ、我々は誰しもある程度グウェンである。見栄えの良い時も悪い時もあるのだ。

これまで紹介してきた顔貌研究では、トドロフ他の研究班は人物の写真を1葉だけ提示していた。たとえばジャド・グレッグの写真1葉に対しドリス・ハドックの写真1葉という調子である。被験者らはそれらを見て、有能そうに見える方を答えた。軍隊研究も同じ。卒業写真を見比べて士官候補生の威圧度を探った。

これではまるで、ある人物の適格性、威圧性、魅力度は一定で、手の施しようがないと言って

## 信頼性

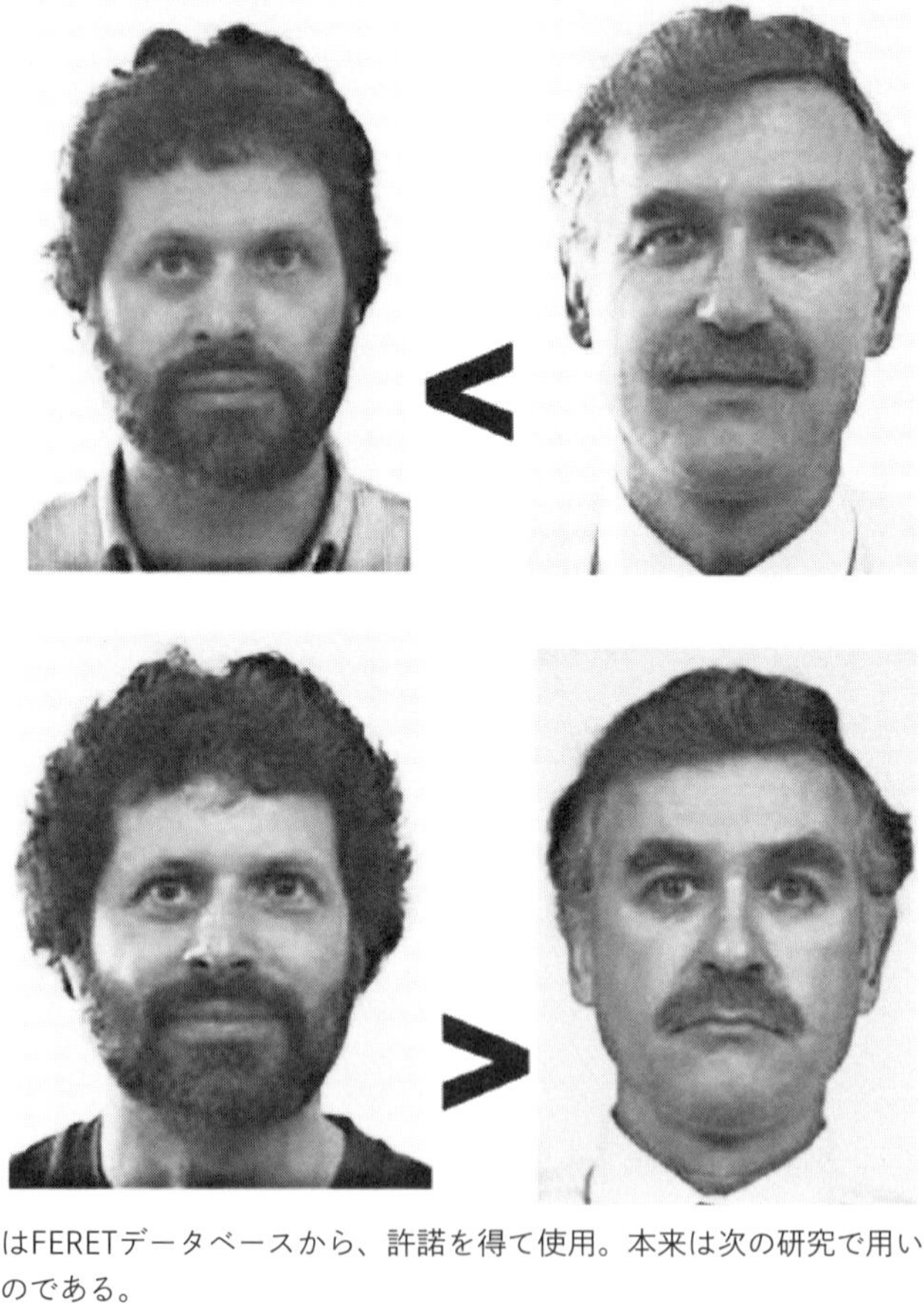

写真はFERETデータベースから、許諾を得て使用。本来は次の研究で用いられたものである。

P. J. Phillips, Hyeonjoon Moon, S. A. Rizvi and P. J. Rauss, "The FERET evaluation methodology for face-recognition algorithms," in IEEE Transactions on Pattern Analysis and Machine Intelligence, vol. 22, no. 10, pp. 1090-1104, Oct. 2000, doi: 10.1109/34.879790.

いるかのようだ。

だがトドロフは、コロンビア大学のジェニー・M・ポーターとの優れた共同研究で、単に1人1葉の写真ではなく同一人物でも複数の写真を提示して、[4]有能そうか、魅力的か、信頼できそうかなどの多くの側面を尋ねた。顔認識用のソフトに1人当たり5枚から11枚の顔写真を入力したのである。それぞれの差はわずかなものだ。だが同一人物でも個別の写真ごとに印象は大幅に変わった。たとえば、右ページの2人の人物の写真ごとに、どちらがより信頼できそうかと尋ねると、回答は写真によって転変した。

このパターンは一貫していた。同一人物でも、印象は写真映りによって変わるのだ。魅力度について5、つまり平均的と格付けされている人物は、写真映りによって4から6に変動する。同じく3の人でも2から4まで変わる。他の属性についてはもっと変動幅が大きい。信頼性で平均5・5と評されている人物は、写真によって4から7まで評価が変わる。

この評価の振れ幅は、写真映りの違いがごくわずかであることを考えるといっそう驚異的だ。もし光の当たり具合や笑顔のわずかな違いが魅力度評価の大きな違いを生むのなら、髭や髪形、眼鏡の有無などもっと大きな変化があれば評価幅は更に広がることになる。

## 世界で最もオタクなイメチェン──その動機

データを活用して外見を改善できるのか──顔科学の研究論文を読んで、私は真っ先にそれを考えた。そんなことを考えたのは初めてだった。前述の通り、私はいつも自分は醜い、それは宿命なのだと考えていた。だがトドロフとポーターの共同研究では、同一人物でも写真写りによって印象は大きく異なる。それなら私も世間に好かれる1枚を作れるのでは、と思ったのだ。

しかしどんな表情が好かれるのか？

勘に頼る気はなかった。数十年もの各種心理学研究によって、人は自分が他人に与える印象を客観的かつ正確に把握できないことが証明されている。様々なバイアスが介入して正確な自己認識を妨げるのだ。そしてこの点で私よりひどい人間はいない。明らかに私には客観的な意見が必要だ。

そこで考案した問題解決はとても現代的な3ステップで成り立っている。人工知能、迅速市場調査、統計的分析である。要するに私は確かにまとまりの良い耳、すっきりした鼻、通常のおでここそ持ちあわせないが、見栄えをよくする統計分析ならお手の物ってことだ。

## コンピュータ上で見栄えを改善する3つのステップ

### ステップ1　人工知能

まずFaceAppをダウンロードした。人工知能を使って写真を加工するアプリだ。これに写真を取り込んで髪形、髪の色、髭、眼鏡、笑顔などの設定を変えると、驚くほどリアルに画像を加工

さまざまな私（全部AIによる加工画像）

できる。

私は100以上もの人工自画像を作り出した。写真は最後に残った数葉の写真である。

**ステップ2　迅速市場調査**

そしてそれぞれの写真に対する迅速市場調査を敢行した。使用したのはガイデッドトラック（GuidedTrack）とポジトリー（Positly）だ。いずれも友人のスペンサー・グリーンバーグが開発したソフトで、迅速かつ安価にアンケート調査ができる。これを使って写真ごとにどの程度有能そうに見えるかを10段階で評価してもらった（様々な写真の格付け評

価にはフォトフィーラー(Photofeeler.com)というサイトを使う手もある)。

その結果、写真ごとに人々の評価は大きく揺れ動いた。たとえば上段の写真の評価は有能さで5・8と全写真の中で最も低かった。下段は7・8で最も評価が高い写真だった。トドロフとポーターが発見した通り、また『となりのサインフェルド』が指摘した通り、私に対する評価も大きく揺れ動いた。

**ステップ3　統計的分析**

統計的分析言語Rを使って、スタイリングの違いによって人に与える印象がどう変わるかのパターンを探った。これによって自分のどの面が最も印象に影響するのかがわかった。

さて、結果発表だ。

有能そうに見えるという点に最も寄与したのは眼鏡だった。同じ容姿でも眼鏡をかけると10段階評価で0・8も評価が上がる。眼鏡は似合わないからとコンタクトレンズにしていただけに、これには驚かされた。データは、直感に反してでも眼鏡をかけろと教えているのである。

それに次ぐ有能さを感じさせる因子は顎ひげである。これによって平均0・35も評価が増した。私は30歳ごろまで一度も顎ひげを蓄えたことがなかった。この5年間は、蓄えては剃っての繰り返し。だがデータは、顎ひげは私の印象を上向けることを明らかにした。

眼鏡と顎ひげを別にすると、他のことはたいして影響しなかった。髪形や髪の色を少しぐらい変えても、統計的に有意な変化はなかった。髪の色をピンクにした時には、まあ当たり前の例外だろうが、有能さ評価が0・37減った。

これまで写真を撮られるときにはもっと笑うべきか、あるいはより良い笑顔を身につけるべきかと悩んできた。しかし笑顔は自信や余裕を印象付けるかという点において統計的に有意な違いをもたらしていなかった。これはほっとする結果で、今後は写真を撮る際に笑顔にあまり気を使わなくて済む。

外見的印象を決定付けるのは眼鏡と顎ひげで、髪をピンク色にでもしない限り他のことはさほど関係がない。

AIと迅速市場調査と統計的分析のおかげで、外見は決まったと思った。今後は眼鏡をかけて顎ひげを蓄えよう。それでもミット・ロムニーやバラク・オバマと大統領の座を争うことはできないかもしれないが、好ましい第一印象を与えられる。そしてこれなら容姿関係の10段階評価で

7・8も得られるだなんて、25歳の頃には想像もできなかったことだ。

では、私のオタクな分析からあなたが得られる教訓は何か？

私は確かに表計算ソフトと統計的分析という極端な手法を使った。だがそこまでやらなくても、誰でも恩恵は得られるはずだ。

最低でもFaceAppや類似アプリをダウンロードし、様々な外見を試してみるべきだ。ネット上の他人に評価してもらわなくても、信頼できる友人に聞く手もある。

この種の分析は、一般的な勘頼りの容姿評価法よりもはるかに優れていると確信する。

人は得てして些事に拘泥する。私にとって笑顔がそうだった。一方で、身だしなみが印象を劇的に変えられるなどとつゆ知らず人生の大半をやり過ごす。私が顎ひげなしで数十年も過ごしたようにだ。そして大半の人は、自分を正確に評価できない。私が眼鏡との相性は最低だと思っていたように。

研究の結果、外見はとても重要であり、しかも改善できるのであり、人は正確に自分を評価できないとわかっている。換言すれば、AI、迅速市場調査、統計分析は、鏡に勝るのだ。

## 次章の予告

ここまでの4章ではキャリアで出世する方法を探ってきた。これらのアドバイスに従えば、もっと成功できるかもしれない。だが多くの成功者たちと同じく、まだ自分は本当に惨めだと思っているかもしれない。幸いなことに、新たなデータサイエンスのおかげで、幸福になる方法もわかっている。

# 第8章 ソファから立ち上がって人生を変える魔法

何が人を幸せにするのか？　史上最も偉大な哲学者らは、この疑問に挑み……おおむね敗れてきた。その答えがついに我々のｉＰｈｏｎｅに見出せる？

ノーだ。幸せはｉＰｈｏｎｅ（の使い過ぎ）には見出せず、それは確実に人々をより惨めにする（後述）。幸福の源をめぐる答えは、ｉＰｈｏｎｅ他のスマホの誕生によって可能になった調査によって得られるのかもしれない。

序章で軽く触れたジョージ・マッケロンやスサーナ・モウラートが率いたマッピネス・プロジェクト他では、無数のスマホユーザーを動員して幸福度を調べた。日中、登録者のスマホにランダムに単純な質問票を送り、いま何をしていてどんな気分かなどを聞いたのだ。

こうして研究者らは過去の幸福データベースの数倍にあたる３００万以上もの幸福ポイントを見出した。

では、それら３００万の幸福ポイントは、どんな時に幸福と感じるかについて何を示していたか？　その点は間もなく明かすが、まずはこの研究に先立つ幸福研究とはどんなものだったのかを振り返る。以前は小規模な調査票に基づく研究が主だったが、あげく幸福の源泉について暗中模索で、マッピネスのような巨大プロジェクトが待望されていたのだった。

## 幸福の源についての誤解

夢の仕事に就けたらどれだけ幸福だろう？　支持している候補者が選挙に敗れたらどれだけ惨めだろう？　恋人にフラれたときは？

平均的な人なら、それぞれ「夢の仕事に就けたら最高さ」、「支持候補が敗れたらがっかりだわ」、「恋人にフラれたらお先真っ暗だね」とでも答えるだろう。

だがそれはおそらく誤っている、とダニエル・ギルバートらの研究班の画期的な研究は教えている。

この研究は2段階から成っている。

第1段階では、被験者に先のような質問をする。たとえばある実験では准教授たちを集めた。夢の仕事すなわち終身在職権付の教授職を目指して刻苦勉励する人々だ。そして将来の幸福は、どの程度この夢の地位に関わっているかと問うた。特に、①それが得られた場合と、②得られなかった場合とで幸福度がどう変わるかを聞いた。

成人生活の大半をがむしゃらに終身在職権付教授職を希求する准教授として過ごしてきた私に

とって、2より1の方がずっと幸福という回答に驚きはなかった。准教授らは終身在職権が得られたら長く幸福な暮らしが送れるだろうと回答した。

研究の第2段階では、賢明にも別の被験者を集めた。まったく同じ大学に勤めてかつて終身在職権の候補に上がった経験のある人たちである。彼らは第1段階の被験者と同じ道をすでに歩んだ人々で、投票の結果、終身在職権を得た人もいればだめだった人もいた。

そして被験者に現在の幸福度を聞いた。その結果は、①と②で大した違いはなかったのだ。

つまり**終身在職権を目指していた間はそれが得られれば末永く幸せになれると答えていたものの、選考期間を経てみると、そんな幸福増進効果はないと証明された**[1]**わけである。**

エリオット・ファーガソン*はその生き証人だ。彼は最近、終身在職権を拒まれたことについて[2]のクオーラ（Quora）の質問に答えた。一九七六年にウィスコンシン大学マディソン校から心理学の終身在職権を拒まれた時、彼は「打ちひしがれた」。それまで全身全霊をささげてきただけに、とても納得はできなかった。だが彼も回復力を発揮した。起業しコンサルタントとして実業のキャリアを積み始めたのだ。彼は「学界の外にいる優秀で創造的で面白い人々」とともに働くことを喜び、実業界の実行力を買っていた。失意の在職権否認から37年後の今、彼の言い分はこうだ。「まあ、ウィスコンシン大よ、在職権を拒んでくれてありがとう。あなた方にとっても正しい判断だったし、私にとってはもっけの幸い、というところかな」

ギルバートらの研究によれば、このファーガソンの逸話は典型的である。学究は終身在職権が得られなくとも、自らの予想に反して立ち直るものだ。

キャリアの階段を上りながら人生の一大事に自らがどう反応するのかを予想できないのは学究に限らない。この研究では同じ手法を使って、恋愛関係の破綻や政治のなりゆきなど人生の大きな出来事の後の幸福の度合いを調べている。

被験者は一貫して、そんな出来事があれば幸福度は大きく変わるだろうと回答している。だが実際にそうした出来事を経験した人々は、それらは長期的な幸福にあまり大きな影響はなかったと回答している。換言すると、おぞましい出来事、取り返しのつかない問題に思えることも、実際に経験してみるとえてしてさほど大したことではないのである。

**いったいなぜ、私たちは幸福を予言するのがこんなにも下手なのか？** 問題は、我々が過去に何が自分を本当に幸せに、あるいは惨めにしたのか覚えておくのが下手なためでもある。覚えられないことを予測するのは難しい。なぜ過去の感情を覚えておけないと言えるのか？ ある非常に賢明で、また腹の捻じれるような研究が教えてくれる。

## 幸福の原因を誤解する

ちょっと奇妙なクイズを。大腸内視鏡検査を受ける患者AとBがいる。2人とも検査中、60秒

＊ 仮名。属性も一部変えてある。

患者Aの痛みの程度

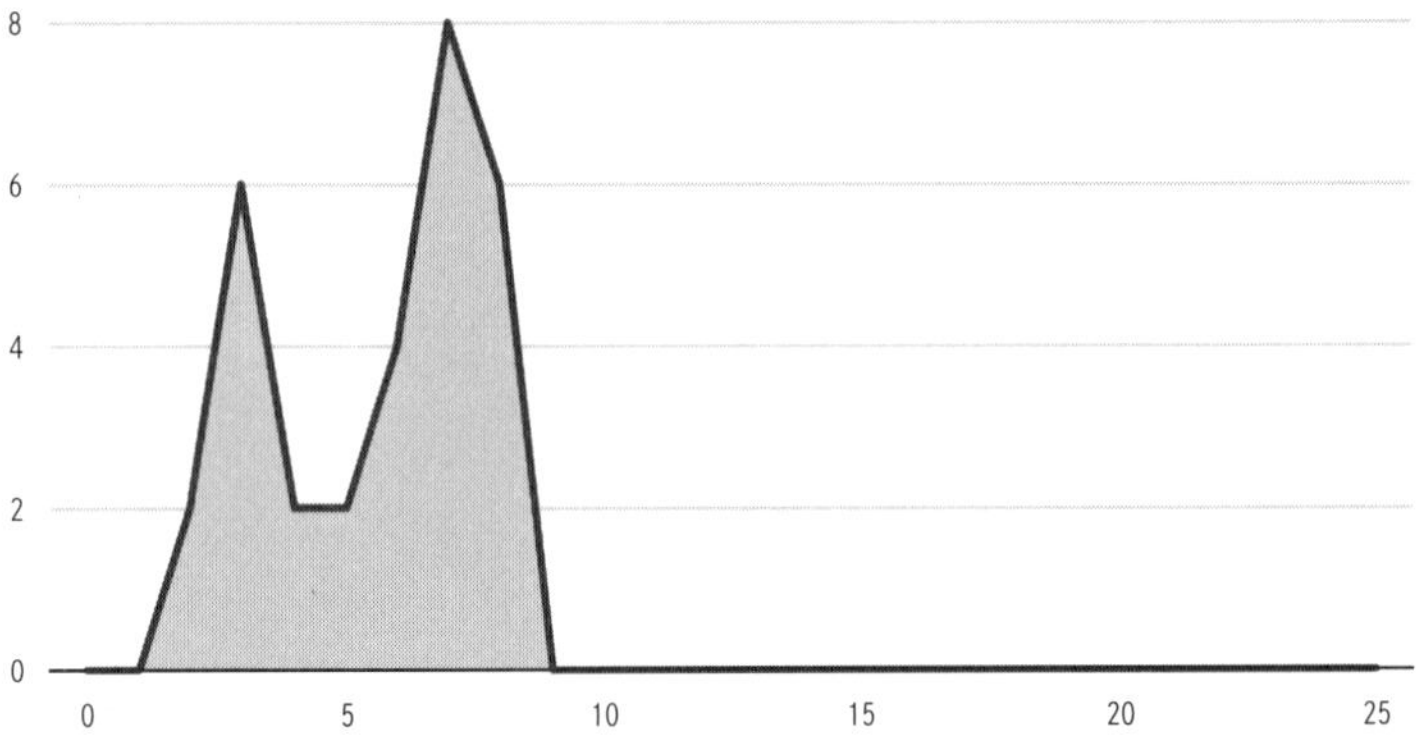


出典：Redelmeier and Kahneman (1996) のデータを Datawrapper で加工したもの。

患者Bの痛みの程度

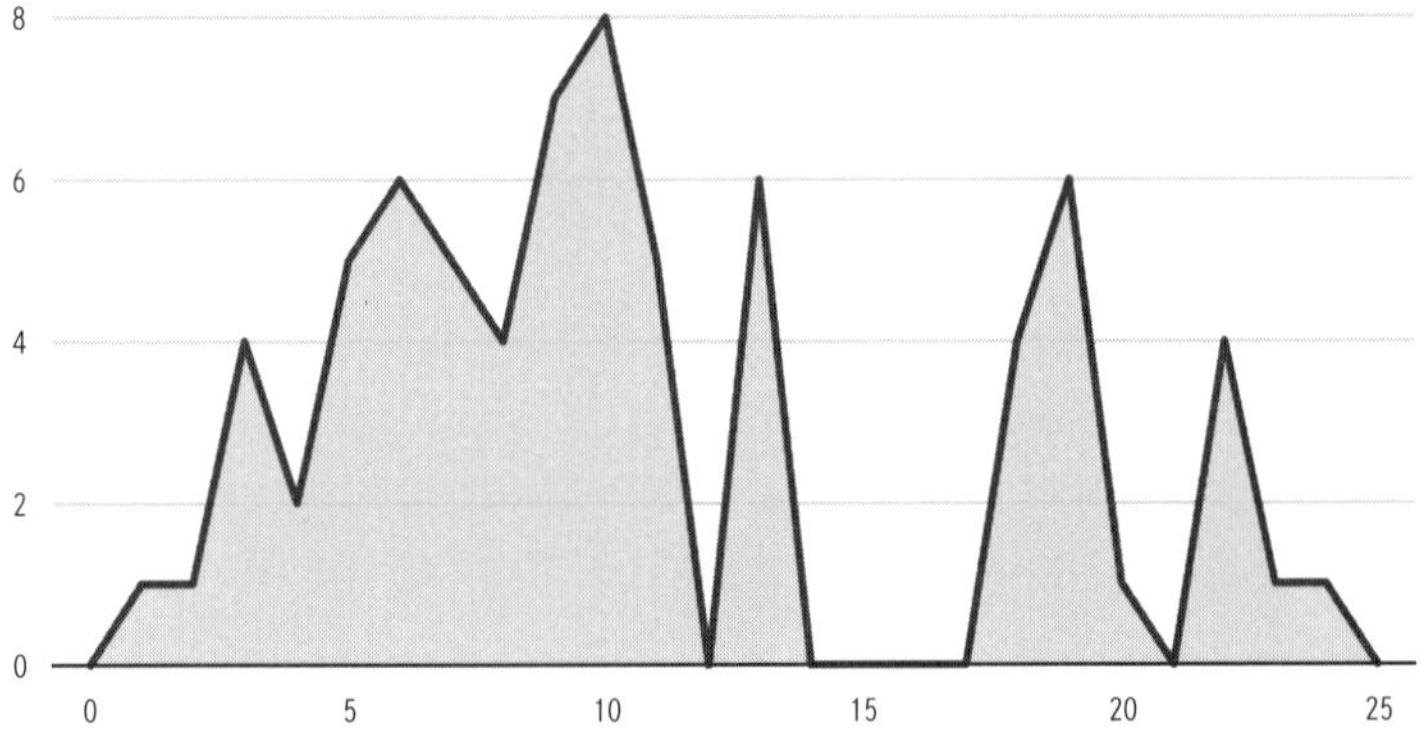


出典：Redelmeier and Kahneman (1996) のデータを Datawrapper で加工したもの。

ごとにどの程度痛いかを10段階で記録することとする（これを「**モーメント・ユーティリティ**」と呼ぶ）。開始直前にどの程度痛いか、開始1分後にも同じ質問という具合に、検査終了まで記録を続ける。

検査が終われば、患者ごとにどの段階でどの程度の痛みを感じていたかがわかる。それを図にしたのが右ページである。

患者Aは見ての通り、ざっと8分間にわたって0から8までのペインスケールで痛みを感じている。Bも程度は0から8までだが、時間は20分以上にわたる。

さて奇妙な質問を一つ。この検査の間、痛みの総量が大きかったのはA、Bどちらか？チャートを見てのあなたの答えは？

別に引っかけ質問ではない。答えは一目瞭然、患者Bの方である。検査開始後の8分間は患者Aとおおむね同じ程度の痛みだったが、その後の17分間はそれに上乗せして苦しんだのだから。どう考えても、患者Bの方が苦しい検査を受けたと言える。だからBを選んだあなたは大正解だ、おめでとう！

どうしてこんな当たり前のことを聞くのかって？

データを見る私たちにとっては苦しみの程度は一目瞭然だが、患者本人にとっては記録を見ずにどの程度痛かったかを正確に思い出すのは非常に難しいからだ。たいていの人は大腸内視鏡検査の苦痛の程度など覚えていられないのだ。

その証拠がドナルド・レデルメイヤーとダニエル・カーネマンによるこの研究である。研究者らは多くの大腸内視鏡検査患者を集め、[3] モーメント・ユーティリティの手法で先述のような図を集めた。

だがこの研究の真骨頂は次の質問である。検査後の全患者に、しばらくしてから検査中の苦痛を10段階で思い出してもらうのと同時に、人生における他の経験と比べてどうだったかも聞いた。これを「**リメンバード・ユーティリティ**」という。

お楽しみはここからだ。

件の患者AとBを思い出してほしい。モーメント・ユーティリティの図では患者Bの方が明らかに患者Aよりも苦しんでいた。だが終わってみると、患者Bの申告した苦しみの方が小さかったのだ。つまりより大きな痛みをより長時間経験した患者の方が、思い出してみると、痛みの総量が小さかったと誤った申告をしたのだ。

さらにモーメント・ユーティリティとリメンバード・ユーティリティの乖離は、この2人の患者に限ったことではない。この研究では、実際の大腸内視鏡検査の苦しみと後で思い出す苦しみはほぼ無関係とわかっている。ごく単純化して言えば、相対的にあまり苦しまなかった人の方が、後になってみると、より大きな苦しみだったと申告するのだ（逆も同じ）。

## 喜びと痛みの記憶を狂わせる認知バイアス

人間はどうして総じて物事がどれほどひどかったか（あるいはよかったか）を覚えておくのがこんなに下手なのだろう？　科学者は、我々ホモ・サピエンスに多くの認知バイアスがあること、またそれらが過去の喜びや痛みとどう干渉するかを発見している。

そうした認知バイアスの中でも大きなものの一つが「**デュレーション・ネグレクト**」である。これは過去の経験の善し悪しを考える上で、その継続時間を事後に正確に思い出せないことを意味する。もちろん人は快楽は長く続き、苦しみはすぐに終わることを望んでいる。苦しい大腸内視鏡検査などできるだけ早く終わってほしい。だが過ぎてみると、デュレーション・ネグレクトのせいで、それがどれだけ続いたかを正しく思い出せないのである。どれだけひどい体験だったかは覚えていても、どれだけ長かったかは正確に思い出せないのだ。それが5分間の苦しみだったのか50分間だったかは、後になってはわからない。

患者Bが大腸内視鏡検査のひどい苦痛を正確に記憶できない理由の一端もデュレーション・ネグレクトにある。それがひどい苦しみであった理由の一端は、検査が長時間に及んだためでもあったのに。

実際、この共同研究では、実際に検査にかかった時間と、患者が後に申告する苦しみとは、ほぼ無関係であることがわかっている。ほんの4分程度で終わった患者もいれば1時間以上はかかった患者もいた。だが終わってみれば、誰もがひどい目に遭ったと思っていた。

面白いことに、デュレーション・ネグレクトは、薬効測定を困難にもする。もしある薬が片頭痛を20分から5分に短縮出来たら、すごい効き目だと言える。だが患者はその効果を自覚できるとは限らず、ひいては医師にその効果を申告できないかもしれない。デュレーション・ネグレクトのため、多くの医学研究者は患者に症状の持続時間を詳しく記録させ、投薬後に改善があったかどうかを見るのである。

経験の認識を誤らせる認知バイアスには、他にも「**ピークエンド・ルール**」がある。人は何らかの経験を、えてしてその喜びや苦しみの総量に基づいて判断するのではない。その悲喜の程度（喜びの頂点がどれほど高かったか、悲しみのどん底がどれほど深かったか）や、その経験がどう終わったか（悲喜いずれの基調で終わったか）に、過度に影響されるのだ。また件の患者A、Bを思い出してみよう。患者Bの方が苦しみの総量も大きかったしそれは長く続いたが、この患者の場合、後半は前半よりも痛みが穏やかだった。これが患者Bの、検査体験がどれほどひどいものだったかの認識を狂わせているのだ。

実際、この共同研究では、患者が検査体験をどれほどひどかったと申告するかは、検査終了間際の3分間の経験次第であることを見出している。

**人間は**デュレーション・ネグレクトやピークエンド・ルール他の認知バイアスに翻弄されているだけに、幸福研究でも当然、**自らの経験をうまく振り返ることができない。**

人が幸福の源を認識しにくい問題は、歴史的に、科学者が幸福を理解する試みを妨げてもきた。研究者は通常、限られた数の被験者に限られた回数しか聞き取り調査ができない。いきおい様々なことをしている少数の被験者にいまどれだけ幸せですかなどと聞くのが関の山だった。だが前述の通り、人は幸福体験の記憶が苦手なのである。

レデルメイヤーとカーネマンの共同研究では154人の患者を対象に、大腸検査体験のモーメント・ユーティリティを調べることができた。理想の幸福研究は、膨大な人数を対象に長期間を通じて様々な活動中のモーメント・ユーティリティを調べることである。

人類史の大半を通じてそんなことは不可能だった。iPhoneが発明されるまでは。

## iPhone、すなわちiPhoneが人をどれだけ惨めにしているかについて決定的研究を可能にした革命的ツール

数年前、サセックス大学経済学部の上級専任講師ジョージ・マッケロンとロンドン・スクール・オブ・エコノミクスで環境経済を教える教授スサーナ・モウラートは閃いた。猫も杓子もスマホを持つご時世のおかげで、モーメント・ユーティリティ調査の規模を膨大に増やせると思いついたのだ。被験者に今の気分を調査票に書き込んでもらうのではなく、アプリ越しに通知を送ればいい。

彼らはマッピネスというアプリを作り、被験者を募り、彼らに日中の様々なタイミングで簡単

な質問票を送った。次のようなものだ。

▼いま何をしていますか？（「買い物／雑用」、「読書」、「喫煙」、「料理」など40項目から選択）

▼誰と一緒にいますか？

▼どれだけ幸福ですか？（100段階評価）

では、これによって幸福研究もビッグデータ時代に移行したのか？

もちろんだ。数年後、チームは延べ6万人が参加した300万もの幸福ポイントのデータベースを構築できた。これこそカーネマンやレデルメイヤーらが先鞭をつけたモーメント・ユーティリティ調査の極みである。

調査チームは、こんな膨大なデータならではの様々な面白い調査をした。さらに、天気や環境など外部データとマッピネスのデータをクロス分析しての興味深い研究も行った。その一部は次章で扱う。

本章ではマッピネスの基本に絞ろう。40種類の活動がもたらす幸福度だ。マッピネスでは、前述の通り、いま何をやっているのかと、それでどれくらい幸せかを聞いている。これによってアレックス・ブライソンを含めた共同研究班は、膨大な被験者規模も相まって、それぞれの活動がどれくらい幸福をもたらすのかの傾向を測定できるようになった。そして完成した図（私は幸福活動チャートと呼んでいる）は、データオタクなら時間の使い道を考える上で頻繁に参照すべきものと思う。

重要なことは——少し技術的でもあるが——研究者らは得られた個人ごと活動ごとの幸福ポイントを単純に平均したのではない点だ。統計技術を駆使して、同じ人物が同じ時間帯に行う様々な活動の幸福度を比較したのである。こうすることで、その活動と幸福の関係は、単なる相関関係ではなく、因果関係であることがいっそう明確になる。

では最も幸福につながる活動とは何だったか？　それは……

そう、セックスである。

性交中の人々は他の事をしている人よりもより幸福で、その程度は2番目に幸福な活動である観劇を優に凌ぐ。

しかしセックスが最大の幸せをもたらすというのは別に意外でもない。もちろんセックスは良いものだ。自然淘汰はセックスに最大の喜びを配分している。さらに高校時代のイケていた同級生ならこう言うだろう。「お前らオタクが研究助成金を申請し、質問票を設計し、アプリをコーディングしてセックスは最高だと何年もかけて調べている間に、俺らはセックスするのに忙しいってわけよ」ぐうの音も出ない。

だがちょっと立ち止まってマッピネスの調査方法を考えてみると、セックスの人気は驚くべきことだ。マッピネスでは通知の着信音がした時にだけ調査票にこたえるのである。ここには選択バイアスが入り込む。マッピネスの参加者中、性行為を中断して質問票に答えた人だけが回答に反映されるのだから。*

胸を躍らせ、恍惚として、家具を揺さぶり、床を軋ませ、叫び声をあげ、近所を叩き起こすほどセックスに没頭している人々がマッピネスの小さな着信音を聞き漏らすことは想像に難くない。つまり性交中のマッピネスの被験者らは、むしろ穏やかにコトに及んでいたため着信音を聞いてそれを中止し、スマホに手を伸ばし、一連の設問に回答した人である可能性が高い。そしてこうした人々——最も気のない性交参加者——でさえ他の活動中のどんな人々よりも幸福を感じていたのだ。**気のないセックスでさえ、他のありとあらゆる活動を幸福度で凌駕する**のである。

従って幸福のデータサイエンスの教訓ナンバーワンは「もっとセックスを！」である。仮にスマホを見ながらであっても。

私はこの調査結果に意気込んで、自分の彼女に、私の親友にこの結果を教えてやろうと言った。彼の恋人が最近、彼があまりしたがらないのとこぼしていたからだ。彼氏の言い訳は忙しいんだ、疲れているんだ、だった。「彼にこの研究を教えたら言い訳せずに彼女を満足させようとするんじゃないかな……」私は彼女に言った。彼女は私を見返して眉間に皺を寄せた。「あなたが読めば？」これが本書における私のセックスライフについての、また私が女性を満足させられない事実についての、唯一の記述である。

満足させられないことについては後にまた触れる。その夜、彼女は研究結果の話を持ち出し、私たちは2、3分ほどセックスをした。彼女は行為を中断してマッピネスに回答した。

ともあれセックスについてはひとまず措こう。他にマッピネス研究で分かったことは？

## 幸福をもたらす全活動のリスト

次ページの表はブライソンとマッケロンによるマッピネスのデータ分析の共同研究で明らかになった活動別の幸福度だ。その含意については後述する。

さて、このリストを見てどうすべきか？

もしあなたが私と同じほどオタクなら――そんな人はいないと思うが――この表の写真を撮り、コラージュ・コムなどのサイトにアップし、幸福活動チャートを印刷したｉＰｈｏｎｅカバーを特注したくなるかもしれない。

今や私は何事につけてもｉＰｈｏｎｅの裏面を見てそれがどれだけ幸福をもたらすかを調べ、やるかどうかを決めることができる。

さて、実際のチャートとその解釈に戻ろう。もちろん、中にはもっともに思える活動もある。風邪をひくよりオーガズムに浸る方が幸せなことは、研究者の助けを借りなくてもわかるだろう。

＊　これは面白おかしく誇張している。マッピネスでは着信してから1時間その質問票が有効で、この間なら着信時に行っていた活動を事後評価できる。

幸福活動チャート

| 活動順位 | 活動内容 | それをしていなかった場合に比べての幸福度 |
|---|---|---|
| 1. | 親愛／セックス | 14.2 |
| 2. | 観劇／ダンス／コンサート | 9.29 |
| 3. | 展覧会／博物館／図書館 | 8.77 |
| 4. | スポーツ／ランニング／運動 | 8.12 |
| 5. | ガーデニング | 7.83 |
| 6. | 歌う／演じる | 6.95 |
| 7. | 対話／おしゃべり／社交 | 6.38 |
| 8. | バードウォッチング／自然ウォッチング | 6.28 |
| 9. | ウォーキング／ハイキング | 6.18 |
| 10. | 狩猟／釣り | 5.82 |
| 11. | 飲酒 | 5.73 |
| 12. | 趣味／美術／工芸 | 5.53 |
| 13. | 瞑想／宗教活動 | 4.95 |
| 14. | 試合／スポーツ観戦 | 4.39 |
| 15. | 育児／子供と遊ぶ | 4.1 |
| 16. | ペットの世話／ペットと遊ぶ | 3.63 |
| 17. | 音楽鑑賞 | 3.56 |
| 18. | ゲーム／パズル | 3.07 |
| 19. | 買い物／雑用 | 2.74 |
| 20. | ギャンブル／賭け事 | 2.62 |
| 21. | テレビ／映画鑑賞 | 2.55 |
| 22. | PC／スマホゲーム | 2.39 |
| 23. | 食事／軽食 | 2.38 |
| 24. | 料理／仕込み | 2.14 |
| 25. | 喫茶（コーヒー／紅茶） | 1.83 |
| 26. | 読書 | 1.47 |
| 27. | 講演やポッドキャストを聴く | 1.41 |
| 28. | 洗濯／身支度／身づくろい | 1.18 |
| 29. | 睡眠／休息／リラックス | 1.08 |
| 30. | 喫煙 | 0.69 |
| 31. | ネットサーフィン | 0.59 |
| 32. | メール／ソーシャルメディア | 0.56 |
| 33. | 家事／ DIY | −0.65 |
| 34. | 移動／通勤 | −1.47 |
| 35. | 会議／セミナー／講義 | −1.5 |
| 36. | 総務／財務／管理 | −2.45 |
| 37. | 順番待ち | −3.51 |
| 38. | 成人の介護 | −4.3 |
| 39. | 仕事／勉強 | −5.43 |
| 40. | 病気療養 | −20.4 |

出典：Bryson and MacKerron(2017)

だが中には、この研究の前にはあまりはっきりしなかった活動とその幸福度もある。この表を見るまで、テレビ鑑賞がガーデニングに比べてはるかに低い喜びしかもたらさないと知っていただろうか？　リラックスしての休憩がバードウォッチングよりずっと退屈であることは？　料理が美術や工芸に幸福度で劣ることは？　大半の人は、こうした事実を知らずにいたのだ。

## 過大・過小評価されている活動

社会学者でクリアシンキング（clearthinking.org）の創設者スペンサー・グリーンバーグと私は、幸福活動チャートの序列は本当に正しいのだろうかと疑問に思った。そこで一部の人々に、調査対象の活動中、どの程度幸福だったかの聞き取り検証をしてみた。

なぜそんな検証を？　もしこのチャートの特定の活動がもたらす幸福度が過大評価されているのなら、それに入れ込むのは考え物だからだ。もし何かが幸福の源として買いかぶられているなら、その弊を被ることはない。逆に、過小評価されている活動は、もっと積極的にやるべきかもしれない。つまり賢いライフハックとして、見過ごされがちだが実際には大きな幸せをもたらすことに勤《いそ》しんだ方が幸せになれるはずだか

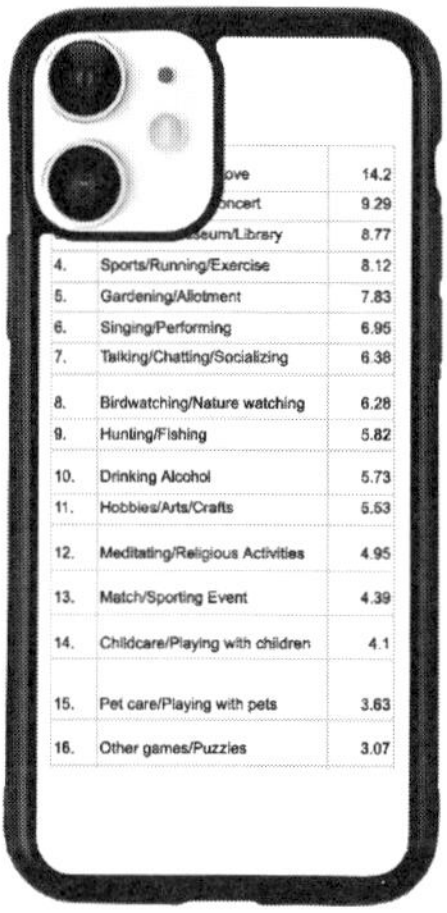


幸福活動チャートを印刷したiPhoneカバー。

らだ。

では検証の結果は？　ある活動がもたらす幸福感を人々は予想できるのか？

検証結果は総じて幸福活動チャートと一致した。またしてもこのチャートはけっして突飛なものではなかった。セックスや社交が何より幸福感をもたらし、療養や仕事の幸福度が最低であることは裏付けられた。

だがいくつか幸福認識にズレのある項目もあった。その代表的なものは……

**過小評価されている活動――思ったより幸福をもたらす活動** *

▼展覧会／博物館／図書館
▼スポーツ／ランニング／運動
▼飲酒
▼ガーデニング
▼買い物／雑用

**過大評価されている活動――思ったほど幸福をもたらさない活動**

▼睡眠／休息／リラックス
▼ＰＣ／スマホゲーム

▼テレビ／映画鑑賞
▼食事／軽食
▼ネットサーフィン

さて、これらをどう解釈すべきか？ 「飲酒」と幸福の関係は、依存性の点から複雑であることは明らかだ。飲酒と幸福については次章で詳述する。

だが一貫して見られる構造的な過大評価がある。**人は受動的な活動を過大評価しがち**なことである。過大評価活動のリストを見てほしい。睡眠、リラックス、ゲーム、テレビ、軽食、ネットサーフィン……。これらはあまり手間のかかるものではない。

人の心理は、こうした受動的な活動がもたらす幸福を買いかぶりがちである。私たちの検証のように、周囲の人々にこうした受動的活動がもたらす幸福度について聞いてみてほしい。そしてマッピネスがしたように、実際に彼らがこうした活動をしているときに、どれくらい幸福かを聞いてみてほしい。そこには隔たりがある。人はえてしてこうした受動的活動がもたらす幸福を過大評価しているのだ。

逆に、過小評価されている活動の多くは始めるのに思い切りが必要だ。博物館に行く、スポー

＊　全調査結果は巻末の補遺に収録した。

ツ、運動、買い物、ガーデニング。これらは家で座っていてできることではない。そしてそんな決断を迫る物事は、実際よりも幸福をもたらさないと感じられるのだ。

実際、グリーンバーグとの共同検証は、私に何より嫌なことを強いた。ラリー・デイヴィッドとの決別だ。

## 不本意ながら……ラリー・デイヴィッドが大間違いな理由

ある時、俳優で脚本家のラリー・デイヴィッドのトークをユーチューブで聞いていると、私には——そしておそらくあなたにとっても——我が意を得たりと思うことを話していた。約束がキャンセルされた時の喜びだ。デイヴィッドの言葉を借りれば、「面会のキャンセルの連絡は大歓迎だ。口実を考えなくて済む。厄介事が片づいた。面会予定はなしだ！『やったー！』ってなもんだ。家にいられる。テレビを観て過ごせる。なによりさ！」

私はラリー・デイヴィッドの大ファンである。人によっては「キリストならどうする？」が行動規範だが、私の場合は「ラリーならどうする？」であるくらいだ。だが本書のテーマは、賢人でもデータの裏付けを欠けば判断を誤るというものだ。デイヴィッドは優秀だが、それでも例外ではない。たとえそれがラリー・デイヴィッドの直感であっても、他人を買いかぶってはいけない。そしてラリーも俗人と同じように無為に過ごすことを買いかぶっている。

マッピネスのデータは多くの受動的活動たとえばテレビ鑑賞などはあまり幸福をもたらさない、

それでは待望の幸せは得られないと明らかにしている。幸福を増進する一つの良い方法は、手間がかかりそうなこと、つまり面倒で億劫なことから逃げないことだ。「ああ面倒くさい」と思ったら、それを避けるどころかむしろやるべきなのだ。

これまでの私は、観劇、夕食、ランニングの約束のキャンセルの連絡を受けたら「ラリーならどうする?」と考え、願ってもないことばかり一人でネットサーフィンに興じていた。今では「マッピネスならどうする?」と考え、iPhoneカバーの裏を見て、安楽に過ごす誘惑と闘う。そマッピネス・データは、ソファから立ち上がることには大きな価値があると教えている。そう。のソファの上でセックスするなら話は別だが。

## 幸福への道——本書を捨てて出かけよう?

幸福活動チャートはマッケロン、モウラート他の研究者らがマッピネスのデータを解析して語る幸福研究の、ほんの皮切りに過ぎない。こんな疑問を持ったことはないだろうか?

▼スポーツファンであることは自分の幸福にどう影響するのか?
▼薬物は幸福にどう影響するのか?
▼自然は幸福にどう影響するのか?
▼天気は幸福にどう影響するのか?

マッピネス・プロジェクトは、こうした疑問について草分け的洞察をもたらしている。それだけに次章、つまり本書の最終章を、マッピネスや類似の幸福研究からの教訓に割きたい。

だがその前に一つ警告を。

幸福活動チャートで「読書」が比較的低位にあったことを覚えているかもしれない。実際、私とグリーンバーグによる検証でも、読書はやはり過大評価されがちとわかっている。

本書はデータに基づく人生の指南書であり、それはたとえ著者としての利害に反していても変わりはない。残るは1章だけであり、読者にはぜひ読み通してほしい。だが嘘をつくわけにはいかない。本書を閉じて友人に電話をすれば、幸福を増進、それも思った以上の幸福の増進ができるだろう。要するにデータによれば、本書を読み続けるより閉じたほうが幸せになれるのだ。

そして友人に電話したらデータに学んで人生をよりよくする方法として本書を薦めるよりも、ガーデニングでも勧めるべきだ。

その上で言うが、友人に電話して得られる6・38幸福ポイントを犠牲にして読書がもたらす1・47ポイントを選択すれば、人間を幸福にするものについてもっと学ぶことができる。そしてもしガーデニングから得られる7・83ポイントを犠牲にして、友人に本書を読むよう勧めたら、私は少なくともあなたを悪い友人とは思わない。

## 次章の予告

現代的な幸福データベースは、様々な活動がもたらす幸福度の平均値を教える以上の様々なことができる。何が人を幸福に――そして惨めに――するのか、もう少し詳しく見てみよう。

# 第9章　人を惨めにする現代生活

「万事順調、誰もが不幸」

今や有名な台詞だが、初出は２０１２年にアンカーズが発表した曲のタイトルだった。後に日の目を見た経緯は、名誉失墜したコメディアンのコナン・オブライエンが言及し、アダム・フランクのＮＰＲへの寄稿記事の題名に採用され、Ｔシャツにプリントされて人気を博したためだ。

ではデータはこの台詞について何と言っているか？

「まさしくその通り」とは言えない。万事順調ではない。誰もが不満だらけだし、青息吐息で暮らしている人も多い。

驚異的なブロガー兼精神科医のスコット・アレクザンダーは、現代生活が万事順調ではないことについて、うんざりするが含蓄深いブログを書いている。米国には本物のトラウマ、大きな金銭的、法的問題に搦めとられている人々がいるのだ。

彼は患者の多くの苦境に衝撃を受けている。たとえば70歳になってろくに友人もおらず、貯蓄を食いつぶし、健康が衰える一方である人などだ。そして彼は、こうした由々しき事態は世間にどれほど広がっているのかと疑問を呈している。

もちろんアレクザンダーは、自らのような精神科医の人間観が偏っていることを自覚している。深刻な問題を抱えている人は精神科医を頼りがちだが、とくに深刻な問題を抱えていない人は精神科医を必要としていない。精神科の平均的な患者は、平均的な人よりも深刻な問題を抱えているのだ。

だがアレクザンダーは、精神科医以外の人間の多くも、逆方向に偏っていると指摘する。深刻な問題を抱えている人は、あまり社交をしない。家に閉じこもる人さえいる。だからあなたの人脈は、平均的な人より恵まれているのかもしれない。

では米国ではどれほどの人々が問題を抱えているのか？　アレクザンダーはデータを調べた。どんな時でも、米国人の20％は慢性的な疼痛を抱え、10％は性的搾取のトラウマを抱え、7％は鬱を患い、7％はアルコール依存症で、2％は認知障害で、1％は服役中である。そして彼の分析によれば、米国ではどんな時もおおむね半数の国民が深刻な問題を抱えているとし、こう結論している。「世界は、誰も認めたがらないほど悪くなっている」

私も自らの専門分野であるデータ検索をしてみたが、アレクザンダーの言う通り、多くの人が大きな問題を抱えていることが明らかになった。私が分析したのは、ＡＯＬが提供した匿名の人々の検索データで、ここでは一定期間に個人がどんな連鎖的検索をしたかを分析できる。そこ

| 検索ワード | 検索日時 |
| --- | --- |
| 部屋探し | 3月2日　14:27:12 |
| 仕事が必要だ | 3月2日　15:02:10 |
| 高齢者 | 3月2日　23:26:45 |
| www.plentyoffish.com（出会いサイト） | 3月3日　11:18:33 |
| 仕事が必要だ | 3月3日　17:32:00 |
| 結婚 | 3月3日　17:32:31 |
| 鬱 | 3月3日　17:33:39 |
| 60歳にとって人生は生きるに値するか | 3月4日　16:43:55 |
| 立ち退き請求されている | 3月4日　16:57:49 |
| 安い賃貸求む | 3月4日　17:00:44 |
| 最も安く住める場所 | 3月4日　17:06:32 |
| www.nylottery.gov（官営くじサイト） | 3月5日　16:11:19 |
| 貧困高齢者 | 3月6日　15:49:04 |
| www.plentyoffish.com（出会いサイト） | 3月6日　20:50:39 |
| www.plentyoffish.com（出会いサイト） | 3月6日　20:51:02 |
| www.plentyoffish.com（出会いサイト） | 3月7日　10:10:53 |
| www.plentyoffish.com（出会いサイト） | 3月7日　10:11:03 |
| Christianmingle（出会いサイト） | 3月7日　10:14:00 |
| 自殺 | 3月7日　10:20:36 |
| 薬物 | 3月7日　10:26:27 |
| 自殺の方法 | 3月7日　10:34:34 |

で自殺について検索した人々の検索連鎖を調べてみた。その結果は悲痛かつ多くの人々を取り巻く苦境が思いやられるもので、それはえてして世間から隠されている。*

右の検索データを見てほしい。懐具合が心細く、住まいから追い立てられ、孤独にさいなまれ、必死に仕事を探している高齢者のものだ。

このデータはまた、人に言えない問題を抱え、それが暮らしを耐えがたいものにし、そのあまり人生に終止符を打つことを考える人がいることを物語っている。次ページの検索データを見てほしい。これも耐えがたい慢性痛に苦しむ人の悲惨な検索だ。

私にはこれらの人々に提供できるさしたる助言もない。せいぜい「人の内情はわからないもの。だから優しく接しよう」という重要な人生訓を振り返ることくらいである。誰かに嫌な思いをさせられたら、こうした検索連鎖を思い出して、きっと何か苦しんでいるのだろうなと考えてほしい。怒りよりも同情が浮かぶはずだ。

多くの人が快活に暮らしているわけではないこと、むしろ悲惨な暮らしに追われていることは見過ごせない。重圧にあえいで生きる人は多いのだ。

さらに「誰もが不幸」もその通りとは言えない。実際、総合的社会調査（GSS）では、31％の米国人が最近の自分を「非常に幸福」と答えている。

＊　これらの検索連鎖は私にも苦い記憶をよみがえらせるものだった。私は10年以上もの人生の時間を深刻な、時に希死念慮さえ伴う鬱で浪費した。

| 検索ワード | 検索日時 |
|---|---|
| 首と背中の堪えがたい痛み | 4月21日　23:40:05 |
| 生涯続く腰痛を抱えてどうやって生きればよいのか？ | 4月21日　23:51:45 |
| 結合組織病のようでひどく落ち込む | 5月8日　0:58:43 |
| 助けてくれ　ー　結合組織病だ | 5月11日　1:04:03 |
| 結合組織病に希望はあるのか？ | 5月15日　0:57:50 |
| 結合組織病と自殺 | 5月15日　0:47:48 |
| 関節炎とtmj（顎関節）の苦痛 | 5月18日　13:30:21 |
| 脊椎と頸椎の間の痛み | 5月19日　22:24:21 |
| 関節炎と結合組織病の疼痛 | 5月19日　0:26:51 |
| 頸椎背部の痛み | 5月20日　11:17:58 |
| 首痛、腰痛、tmjで惨め | 5月20日　0:18:02 |
| 自殺 | 5月23日　12:13:05 |

しかし「万事順調、誰もが不幸」は、文字通りとは言えないまでも、趨勢としては正しい。多くのデータは、当てはまらない人もいるだろうが、一貫して暮らし向きの改善を示している。こうして多勢の暮らし向きが客観的に良くなっていてさえ、全体としての幸福には結びついていないのである。

まず暮らし向きの改善を示すデータから。

過去50年にわたって、米国の1人当たり国内総生産（GDP）は、インフレ調整後でも倍以上になっている。まさに「万事順調」である。

さらにGDPは人々が購買するモノやサービスの価値だけを集計しているにすぎない。今日のデジタル経済では多くのことが無料であり、それらはＧＤＰ集計には反映されない。ある最近の調査では、こうした無料サービスの価値を算定している。その方法は、いくらの対価と引き換えならそれらのサービスを返上するか聞くというものだ。その結果、平均的な米国人にとって検索エンジンは年間１万７５３０ドルの価値[1]がある。ｅメールは８４１４ドル、オンライン地図は３６４８ドル、ソーシャルメディアは３２２ドルだった。これらのサービスは無料である。まさに「万事順調」そのものだ！

　次に幸福データを。同期間に報告された幸福度は、少なくとも米国では上向いていない。１９７２年はＧＳＳの調査開始年だが、１人当たりＧＤＰは現在の半分に満たず、誰もグーグル検索もグーグルマップもＧメールも使っていなかったが、30％の米国人が「とても幸せ」と回答[2]していた。現在とそう変わらない割合である。

**万事順調：米国民１人当たりＧＤＰ実数（1972年～2018年）**

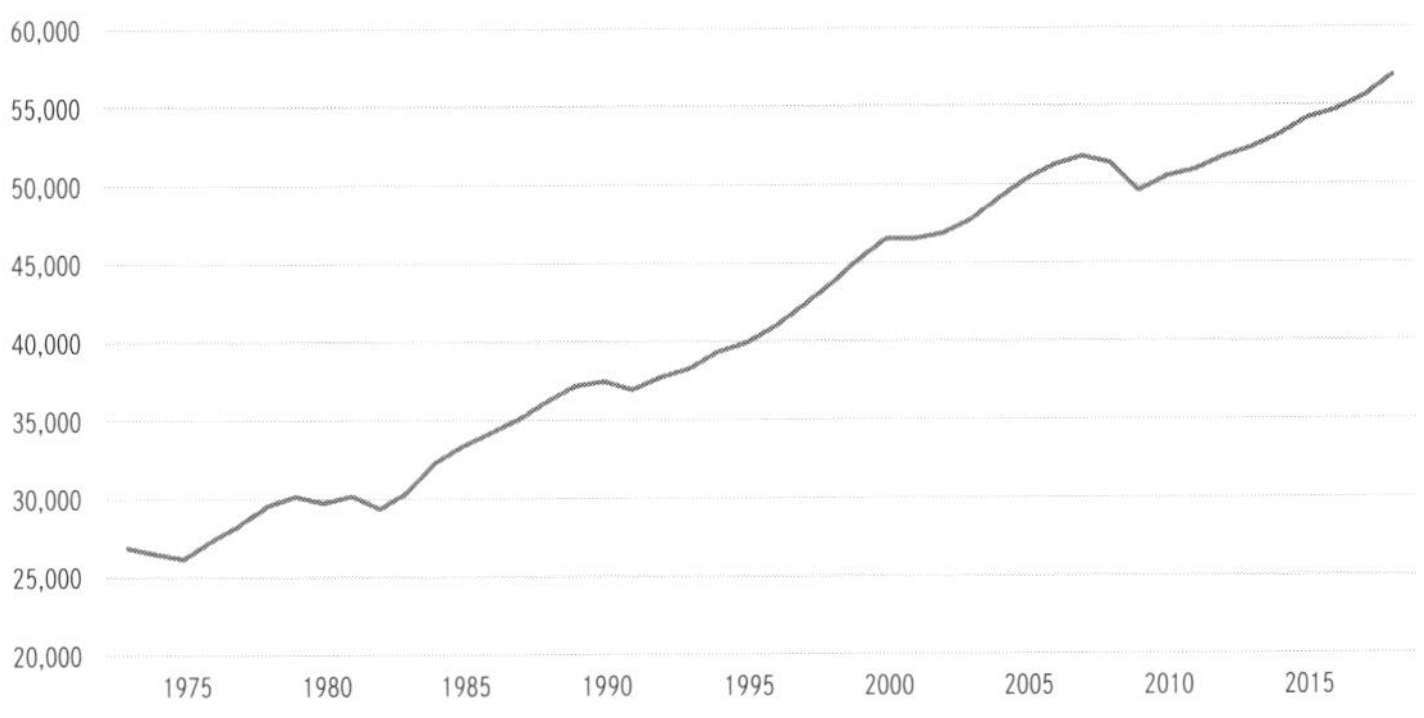


出典：米国商務省経済分析局のデータをDatawrapperで加工したもの。

つまり、暮らし向きはますます上向いているのに、人々は目に見えて幸福になってはいないのである。いったいなぜか？

私たちがいや増す豊かさに応じて幸福になっていないのは、カネが幸福にごく小さな影響しか及ぼさないためでもある。マシュー・キリングスワースはトラックユアハピネス（trackyourhappiness.org）の創設者だ。これはマッピネス同様にｉＰｈｏｎｅユーザーに通知を送り、その時の幸福度を聞くものである。彼は個人の収入と幸福度の関係をめぐる過去最大の調査を行い、１７０万データポイントのデータベースを作り上げた。その結果、収入は幸福を増進するがその程度は限られており、[3] 高収入層にとっては特にそうであることを発見した。収入が倍増しても幸福度は標準偏差で10分の１しか上がらず、実際わずかなものである。

幸福を追求するうえでは別の問題もある。人間の心の欠陥のためだ。ある友人は、もし人間の心がＯＳだったらバグが多すぎて返品モノだ、と言った。私たちの心の最大級

**幸福は増進していない：「とても幸せ」と回答した米国人の割合（1972年～2018年）**

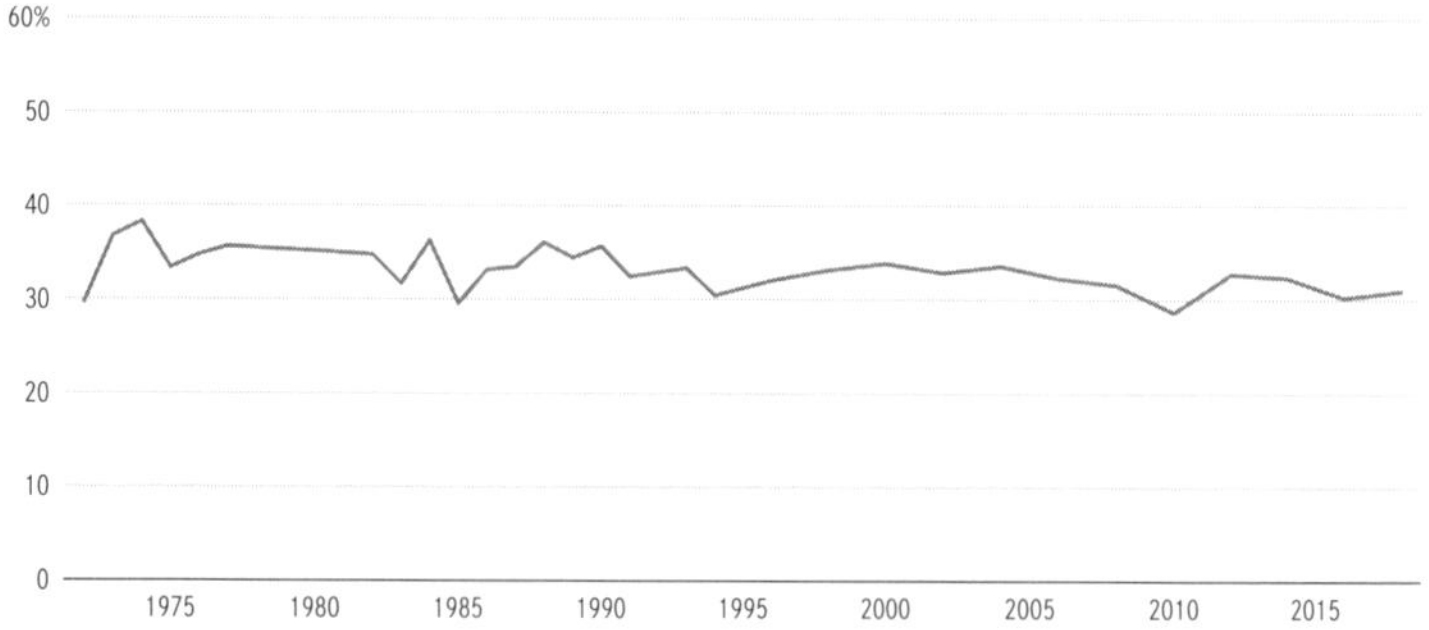


出典：総合的社会調査のデータをDatawrapperで加工したもの。

のバグは目下の集中力を欠くことで、これが幸福を狭めている。

この事もキリングスワースの別の研究で証されており、これはダニエル・ギルバートとの共同研究である。彼らはトラックユアハピネスのユーザーに何をしているのか、どれだけ幸せかを聞くと同時に、次の質問をした。「今やっていることとは別のことを考えていますか？」（さらにその考えが楽しいものか、中立的か、不快なものかも聞いた）

その結果、46・9％の時間を気もそぞろに過ごしていることがわかった。さらに、気が散っている間、幸福度が大幅に下がることも明らかになった。[*]驚いたことに、楽しいことに気を散らしていてさえ、集中時に比べると、幸せは衰えるのである。気を散らすことが中立的か不快なものであろうものなら目も当てられない。

研究の総括にいわく「人間の心はさまよえる心であり、さまよえる心は不幸な心である」

心のさまよいが不幸であるのは、瞑想が幸福を大きく増進する理由[4]の一つかもしれない。瞑想の幸福増進効果は、様々な研究のお墨付きだ。

人間の心がバグの多いOSであることは、ますます豊かになる世の中でさえ幸福が得難い大きな理由である。だが現代社会を幸福に暮らすのが難しいことには、他にも理由がある。その多くはマッピネス・プロジェクトで明かされている。ごく単純に言えば、**人は幸福になれそうもない**

＊ 興味深いことに、セックスはそのさなかに他の事を考えている人が30％未満の唯一の活動だった。もしかすると、これはセックスが最も幸福をもたらす活動である理由の一端を示しているのかもしれない。

**ことに長時間を割いている**のだ。

2003年以降、労働省労働統計局は米国人時間使途調査（ATUS）を実施し、抽出標本群に対し1日の時間の使い方を尋ねている。

私はATUSのデータと、前章で論じたマッピネスで得られた幸福活動チャートを照合してみた。まず全活動を次の3つのカテゴリーに分類した。1つは最大級の幸福をもたらすもの＝セックス、瞑想そして宗教活動などだ。2つ目はほどほどの幸せにつながるもの＝子供と遊ぶ、ポッドキャストを聴くなど。最後は最も幸せにつながらないこと＝洗濯、身づくろい、病気療養などだ。

その結果、平均的な米国人は、最も幸福を生む活動に1日当たりわずか2時間しか割いていない。対照的に、16・7時間を最も幸福ではない活動の少なくとも1つに割いていた。もちろんこれには睡眠が最も幸福につながらない活動に分類されている影響もある。そして平均的な米国人は、日に8・8時間眠っている。だが睡眠を除外しても、米国人は起きている時間のざっと半分を最も幸福ではない物事――その大半は仕事、家事、通勤、身づくろい――に費やしている。

さらに**米国人は、その右肩上がりの収入を、幸せをもたらす活動に割いていない**ようである。2003年から2019年は1人当たり実質所得が20％以上伸び、シリコンバレーが様々な素晴らしい無料製品を生み出した時期だが、米国人は最も幸福につながることに割く時間を減らしている。これは主に「対話／おしゃべり／社交」に割く時間が1日当たり0・93から0・77時間に減っているためだが、「瞑想／宗教活動」や「ガーデニング」の時間をわずかに減らしたためでもある。

増える収入を幸福増進活動に充てられないことは、現代生活のより大きな問題を示唆している。それはマッピネス他のデータを活用した別の研究で明かされている。現代生活は、ごく単純に言って、幸福を阻む罠を仕掛けているのである。そしてそれを避ければ、いまよりはるかに幸せになれる見込みは高いのだ。

## 仕事の罠

仕事はクソだ。[5]

おそらくこれが幸福活動チャートの最も衝撃的な結果だろう。仕事は最も惨めな活動の2番目で、これより悪いのは病気療養ぐらいである。

だがこの事実は、えてして周囲の話と違う。飲み会やネットワーキングイベント、ソーシャルメディアなどでは、仕事について「それが生きがいだ」、「大好きよ」、少なくとも「気に入っているよ」などと聞かされたりする。

だがマッピネスのアプリが、仕事中にどれだけ楽しんでいるか誰にも知

**一日に費やす平均的時間**

| | 最も幸福につながらない活動（例：仕事、家事） | ほどほどに幸福につながる活動（例：食事、育児） | 最も幸福な活動（例：社交、観劇） |
|---|---|---|---|
| 2003年 | 16.71 | 5.22 | 2.07 |
| 2019年 | 16.72 | 5.42 | 1.86 |

られない形で回答を促すと、もっと陰鬱な仕事観が明らかになる。総じて仕事は家事・雑用や老人介護、列を作っての順番待ちなどよりも惨めなことと答えているのだ。多くの人は、仕事が好きだ、仕事が楽しいと答えるとき、自他を欺いている。

多くの人が仕事中に大きな不幸を抱えていることは、実際、遺憾というほかない。考えてみてほしい。成人の大多数は覚醒時間の大半を仕事に費やしている。こうした人々の大半が仕事時間の大半を不幸に過ごしているのなら、大半の成人は覚醒時間の大半をとても不幸に過ごしていることになる。

仕事の問題に対してはこれといった対策はない。幸福活動チャートの結果からは、いくつかの当然の解決法しか得られない。

**問題**　通勤は人を不幸にする
**解決法**　職場の近くに住め
**問題**　喫煙は人を不幸にする
**解決法**　禁煙しろ

だが大半の大人は仕事を辞めるわけにはいかない。衣食の家計を支えるため長時間を働き抜く必要にも追われている。

では大半の人の人生はクソで、好きなことに割けるのはせいぜい週2、3時間だけという運命なのか？

そうとは限らない。

確かに時間をあらかた食いつぶすという点で仕事はえてして不幸である。そのことはマッピネスのデータではっきりしている。だが仕事をそれほど惨めにしないで済む方法、さらには楽しめるようにする方法も存在する。さほど仕事を苦にしない人もいる。

仕事を我慢でき、時には楽しめるのはどうしてか？　そしてどうすれば自分もそうなれるのか？

マッピネス・プロジェクトの共同創設者の一人ジョージ・マッケロンは、人が仕事中に他に何をやっているのか、そして何が仕事を多少なりともマシにしているのかを研究した。友人のアレックス・ブライソンとの共同研究だった。これは後述する通り、賢明な判断だった。

**仕事を多少なりともマシにするには、音楽を聴きながら働くことだ。**人は仕事時間の5・6%を音楽を聴きながら過ごしている。そして音楽を聴きながら仕事をしている人は3・94ポイントの幸福増進を報告している。

**仕事をいくらかマシにする次の方法は、在宅勤務だ。**この共同研究では在宅勤務者は平均して3・59ポイントの幸福増進を得ているとされている。

マッピネスのデータは、本当に仕事を我慢ができ、果ては楽しめるようにさえする唯一の事を明らかにしている。これが第3の、そして何より大切な仕事の苦痛軽減法である。マッピネスのデータによれば、**友人と共に働くことのみが、仕事を楽しめるようになるほど大幅な幸福増進をもたらしている。**日々の苦役も友人のちょっとした助けがあれば楽しい苦労にできるのだ。*

マッケロンとブライソンのデータを基に著者が推計したところでは、平均的な人は友人と一緒に仕事をすれば、一人でリラックスしているのと同じ程度の幸せを得ることができる。前章では、リラックスすることは思ったほど大きな幸福をもたらさないと述べた。だがそれでも平均的な労働者の惨めさに比べれば、はるかにマシなのだ。

在宅で音楽を聴きながら友人と一緒に（ズーム越しだったり友人が来てくれたりで）働く平均的な人は、平均的な人がスポーツをするときと同じほど幸福である。そしてスポーツは最も幸福をもたらす活動の一つだ。

アルベール・カミュはシーシュポスについて名高い一文を残している。

**労働者の幸福度のアゲサゲ要因**

| | |
|---|---|
| 仕事（ベースケース） | −5.43 |
| 在宅勤務 | +3.59 |
| 音楽を聴きながら仕事 | +3.94 |
| 友人と一緒に仕事 | +6.25 |

出典：Bryson and MacKerron(2017）のデータを基に著者が計算。

コリント王シーシュポスは死後に地獄に落とされ、巨石を山頂に押し上げる罰を科されたが、石は山頂を目前にして必ず転がり落ち、苦役は終わりがなかった。カミュは、この伝説は仕事時間を的外れな作業に浪費せざるを得ない現代労働者のメタファーではないかと考えた。シーシュポスは石を転がさなければならなかった。同様にダンダー・ミフリン〔訳注／米国のTVドラマ『ジ・オフィス』に登場する紙・事務用品会社〕の社員はメモを書かなければならない。

これは現代生活の暗い一面かもしれない。だがカミュはひねりを利かせて締めくくっている――「全てこともなし」。一文の結末は次のようなものだ。「シーシュポスは幸せだったと思うべし」仮借なき陰鬱な一文は、衝撃的な1パラグラフによって楽観的な物語に転じられているのである。

現代的なデータ分析は、カミュやその他のしかるべき根拠もなく専断する著名な哲学者らは、いくら賢人とはいえ大間違いだったと証明している。現代的労働者にとって、全てこともなしとはいかない。彼らを幸せだと考えるのは間違いだ。現実を直視すれば、現代のシーシュポスは5・43ポイントの悲惨さを味わっている。

＊　いくぶん専門的な話になるが、マッケロンとブライソンの共著論文では、友人と働くことの幸福増進は、交友全般の平均的な幸福増進効果と、仕事中に友人と交わる効果の和で計上されている。友人との協業が楽しめるのは、もっぱら交友の幸福増進度が高いためである。つまり友人はいかなる時も大きな幸福の源泉であり、仕事中も例外ではないのだ。これについては次のセクションで掘り下げる。

もし現代的な哲学者がいくらか現実を踏まえた隠喩的な物語を書くならば、「シーシュポスとシーシュファスの神話」をものすべきだろう。シーシュポスとその親友のシーシュファスが神の怒りにふれ、巨石を繰り返し山頂へと力を合わせて運び上げ続ける物語を。

共に石を持ち上げることもあれば、1人が石を持ち上げ他は休んでいることもある。時には力持ちの愚か者が石の持ち上げ方を説教し、聞かされる側は呆れてあざけることもあるだろう。時には2人とも石運びをサボり、デートの思い出や好きなテレビ番組、理想のフットボールのメンバー表について語り合うこともあるだろう。全てこともなし。シーシュポスとシーシュファスは、逐一の幸福状況を測定する人類が手に入れた最も優れたツールによれば、実際、幸せなのだから。

あるいは仕事についてのデータの教えを総括するなら、誰と働くかには注意を払うべし。**友人と一緒に働けば、仕事はずっと喜ばしいものになりやすい。**[*]

## 友人や恋人と十分な時間を過ごさない罠

友人は仕事のみならず人生の様々な局面の幸せの鍵である。実際、友人と過ごすことによる幸福増進は、仕事中にのみ特段に多いわけではない。別の論文でマッケロンは、やはり賢明にも友人スサーナ・モウラートと共同で、他者と共に過ごすことの幸福への影響度を調べた。

この研究では、同じ被験者が同じ時間帯に同じ活動をする状況を調べた。違いは単独でやるか、共同でやるかだ。そして共同作業の場合、異なる相手——恋人、友人、家族など——による幸福度の違いを調べた。

その結果、共同作業で最も幸せをもたらすのは自分で選べる相手、すなわち恋人や友人たちだった。単独でやるより恋人か友人と一緒に作業する方が4ポイント以上も幸福が増進したのだ。しかしそれ以外の人は、えてして幸せをもたらさない。平均的には、人は恋人か友人以外と一緒にいても、わずかしか幸福を得られないか、むしろ一人でやった方がマシなくらいなのだ。

周囲と協調しろとよく言われる。人間はもともと社会的な生き物だとも言われる。そして明らかに他の人と一緒に過ごして幸せになれることもある。だがマッケロンとモウラートの共同研究によれば、幸福増進は誰とともに過ごすか次第である。見知らぬ相手や、仲間内になろうとしない相手と一緒だと、えてして却って不幸になるのだ。

恋人や友人とともに過ごすと、大きな幸福増進が得られる。だがたまたま出くわした昔の級友は？　同僚は？　「知り合い」としか言いようのない人は？　データによれば、こうした人々とともに過ごしても、えてして幸せには結びつかない。実際、データによれば、付き合いの希薄な

＊　データに基づいたライフハックをもう一つ。嫌な仕事は辞めろ。『ヤバい経済学』の共著者スティーヴン・レヴィットは非常に賢明な研究をした。大きな決断に迫られる人々――仕事を辞めるべきかどうかなど――に、コイントスで決めさせたのだ。意外にも多くの人がコインの行方に判断を委ねた。数か月後に検証したところ、コインに従って仕事を辞めた人たちは、やはりコインに従って職に留まった人たちよりも、はるかに幸せだった。

**幸せをもたらす人チャート**

| 人 | 一人でいる場合に比べ、その人と一緒に過ごす場合の幸福増進度 |
| --- | --- |
| 恋人 | 4.51 |
| 友人 | 4.38 |
| 家族 | 0.75 |
| 顧客、依頼者 | 0.43 |
| 子供 | 0.27 |
| 同僚、級友 | −0.29 |
| その他の知り合い | −0.83 |

出典：MacKerron and Mourato(2013)

相手と関わるくらいなら、一人でいたほうが幸せなことが多いのである。あるいはジョージ・ワシントンの言と伝えられるように「悪い連中とつるむくらいなら一人でいたほうがマシ」あるいは、もしジョージ・ワシントンが今日まで長生きして現代的な幸福研究を知っていたなら言ったであろうように「悪い連中とつるむくらいなら、一人でいた方が0・83ポイントもマシ」なのである。

## ソーシャルメディアの罠

ソーシャルメディアは私たちを惨めにしているか？

答えはイエス。

「幸せをもたらす人チャート」によれば、ソーシャルメディアは我々を不幸にするはずである。ソーシャルメディアでは、友人や恋人たちのような幸せをもたらす人と交流するとは限らない。関与がごく希薄な、すなわち不幸をもたらしがちな人々を相手にすることもある。

「幸福活動チャート」もまた、ソーシャルメディアが不幸をもたらすことを示唆している。**ソーシャルメディアは、幸福増進効果という点で、断トツに最低の余暇活動である。**

証拠は他にもある。

ニューヨーク大学とスタンフォード大学の研究者らは最近、フェイスブックがもたらす効果[6]についての無作為比較試験を共同実施した。まず被験者を実験群と比較対照群に分けた。実験群には102ドルの対価支払いと引き換えに4週間フェイスブックの利用を禁じた。[*]比較対照群には制約なしに日常生活を続けさせた。

実際、実験群の90％以上がフェイスブック利用を中断した。それでどうなったか？

比較対照群（従前どおりフェイスブックを利用し続けた人々）と比較すると、実験群（フェイスブックをログアウトした人々）は、ソーシャルメディア利用を60分減らし、その時間の大半を友人や家族と過ごすようになった。そして彼らは、より幸福になったと報告したのである。フェイスブック断ちで得られた幸福増進は、個人面談療法に参加して得られる安寧増進の25～40％に及んだ。

加えて、大半の被験者は、実験後により幸福になったと報告した。約80％はログアウトして正

---

＊ この金額設定の根拠は、これが人々がフェイスブックの利用を断念するために求める対価の平均額だったからである。

解だったと回答した。実験終了後の1か月、彼らはフェイスブック利用時間を減らしていた。

もちろん通常は4週間のフェイスブック断ちを条件に102ドルを提供されるわけではない。だが我々も教訓を生かすことはできる。フェイスブック他のソーシャルメディアの利用を減らせばいいのだ。データの教えるところ、それは私たちを惨めにしているのだから。

## スポーツの罠

私は本当にスポーツが大大大好きだ！　もちろん序章でニューヨーク・メッツへの偏愛を告白し、本書を「人生のマネーボール」すなわち人生の本当に根本的な9つの疑問についてのものと位置付けていることから、また世界的スポーツ選手になる方法について1章を丸々割いていることから、それはお分かりだろう。

私はスポーツの大ファンで、これまでも常にそうだったし、これからもそうだろう。だから私のような筋金入りのスポーツオタクにとって、こんな質問をすることは全く意に染まない――スポーツ観戦は人を不幸にするのか？

マッケロンとサセックス大学のピーター・ドルトンによるとても重要な共同研究は、確かにスポーツが私の人生にもたらす大きな役割を再考させた。この共同研究では、贔屓のチームの勝敗後の数時間に、観戦者の幸福度がどう影響されたか[7]を調べている。

彼らは様々なサッカーチームのファンを被験者にし、贔屓のチームの試合前、試合中、試合後の平均的な幸福度を1分刻みで測定した。

さてその結果やいかに？

試合前の幸福度から見ていこう。試合開始の数分前から、平均的なファンの幸福度は増進していく（100分率で約1ポイント）。おそらく贔屓チームの勝利を思い描き、期待に胸を高鳴らせているのだろう。

では、試合終了後にどうなったか？　当然ながら試合の結果によりけりだ。贔屓チームが勝てば、さらに3・9ポイントの幸福増進を得られる。悪くない。ここまではスポーツファンでいることも捨てたものではない。贔屓のチームが勝つ限り、スポーツ好きも大いに結構。

だがもし贔屓チームが負けたら？　幸福ポイントは7・8減るのである（引き分けの場合は3・2ポイント減る）。換言すると、敗北は勝利よりもはるかに大きくファンを傷つけるのだ。

これはひどい取引に見える。なぜなら平均してチームは勝ち負けトントンと考えられるので、スポーツファンは得られる喜びより悲しみの方が大きいからだ。

この効果は大きい。誰かが4つのチームのファンだったとする。たとえばいずれもニューヨークを本拠地とするニックス（バスケ）、メッツ（野球）、ジェッツ（アメフト）、レンジャース（アイスホッケー）を応援しているとする。マッピネスのデータを加味して推計すると、彼は年間684ポイントの幸福を失う。つまり4チームの熱狂的ファンであることは、おおむね年に2・2日を病気療養するのと同じほど彼を苦しめるのだ。

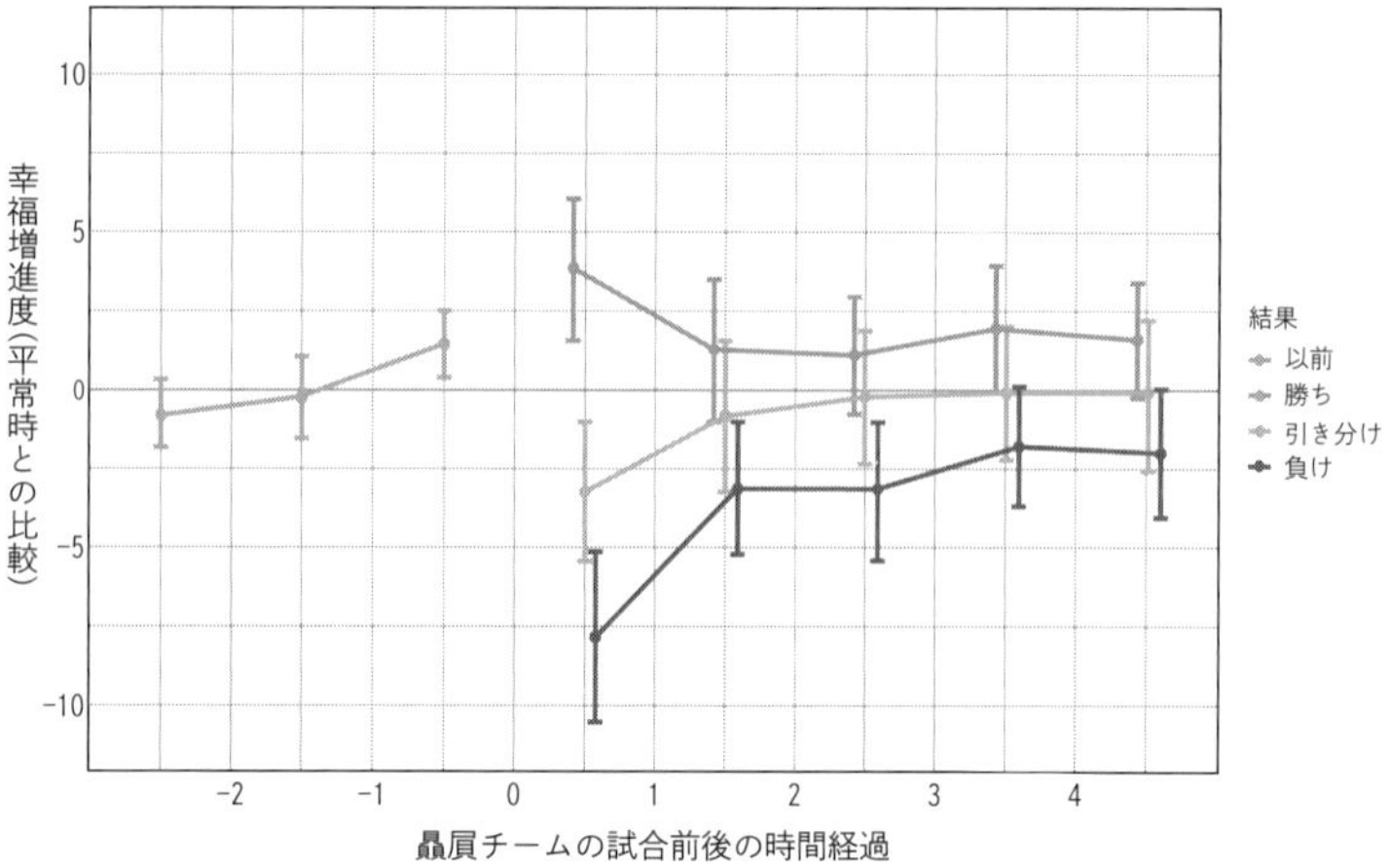


出典：The Sports Fan Trap: The Contentment of Victory, the Agony of Defeat。
マッケロンは寛容にもこのワーキングペーパーで使用した図表を提供してくれた。

ではスポーツファンはどうすればいいのか？スポーツの罠を避ける方法はあるのか？

当然の選択肢の一つは、応援するチームを選ぶことだ。数学的に考えると、贔屓チームが勝てば3・9ポイントのプラス、負ければ7・8ポイントのマイナスとなるのなら、チームの勝率が66・7％を超えれば応援による幸福増進が勝ることになる。

私の父はこれを試みた。弱小ニューヨーク・メッツのファンとして何年も不遇をかこっていた父は、チャンピオンシップの常連である強豪ニューヨーク・ヤンキース贔屓に鞍替えした。父がある爽やかな秋の夕べに語った言葉を借りれば、「息子よ、人生はクソなチームを応援して浪費するには短すぎるのだ」

起業家で政治家でもあるアンドリュー・ヤンもバスケットボールのファンであることについ

て、似たような計算をしている。彼は積年のニューヨーク・ニックスへの忠義を断ち、ブルックリン・ネッツ贔屓に転じた。「ニックスよりましさ」[8]と彼は『フォーブス』に語っている。「あのチームのオーナーでいることは、本当に……本当にクソだ」

私の父とヤンはうまくやったのか？　彼らはマッケロンとドルトンが発見したスポーツファンの罠を出し抜いたのか？

ノーだ！

マッケロンとドルトンはデータを更に分析している。そしてスポーツファンの脳はチームに適応すること、強豪チームが勝っても得られる喜びは減っていくことを発見している。とりわけ強豪チームが楽勝と見られた試合に勝っても幸福増進度はわずか3・1ポイントにとどまるが、その試合を落とすとマイナス10ポイントになってしまう。つまり贔屓のチームが強ければ強いほど、ファンが幸せを得る勝率のハードルはますます上がっていくのだ。

依存性のある物事の多くはこんな特性を持つ。多くの薬物――たとえばコカイン――は、やればやるほど一定量の摂取から得られる快感は減っていき、禁断時の苦痛が増していく。

コカインもヤンキースもこの点で同じである。常勝チームの勝利から快感を得るにはチームはますます勝率を上げなければならず、勝ちが見込まれていた試合を落とした際の苦しみは増大する。そしてデータの教えるところ、この構図を出し抜くほど贔屓のチームが勝つことはあり得ないのだ。

| | 勝つと予想されている場合 | 負けると予想されている場合 |
|---|---|---|
| 勝利後の平均幸福度変化 | ＋3.1 | ＋7.0 |
| 敗北後の平均幸福度変化 | −10.0 | −6.3 |

では我々スポーツファンはスポーツときっぱり縁を切るべきなのか？　マッピネスのデータは、喫煙の発がん性を示した初期の研究報告のようなものなのか？　スポーツ試合会場には公衆衛生局長官による「ここであなたはより惨めになる可能性があります」という警告を表示すべきなのか？

そうでもない。

前述の幸福活動チャートを振り返ってほしい（そうするのが面倒な怠け者の読者には、ここでもう一度語るから大丈夫）。スポーツ観戦は件のチャートで「趣味」と「ペットの世話」の間に位置し、そこそこの幸福をもたらすものだ。

スポーツ観戦の幸・不幸は個々の試合に由来するものではない。**特定のチームに入れ込むことが不幸の元なのだ。つまり試合結果を気にし過ぎることがいけないのだ。**データの教えによれば、勝ち負けにこだわらずに試合を観ていた方が楽しめるはずだ。

誰しもスポーツ観戦にあたってはより仏教徒的でなければならない。結果にこだわらずにスポーツを観戦していれば、世界的な選手の美技妙技をもっと楽しめるようになる。だが勝敗にこだわって試合を観ていると、勝ちによって癒される以上に負けによって傷つけられる罠に嵌まってしまうのだ。

あるいはこう総括してもいい。贔屓ではないチームの試合をもっと観るべきだ。

## 飲酒の罠

生来の鬱に苦しむコメディアンのニール・ブレナンは、かつて友人でコメディアンのデイブ・チャッペルに助言されたことがある。鬱と闘うためには「とにかく飲みゃいいんだよ」というのだ。ブレナンが「いや、酒は飲まない。好きじゃないんだ」[9]と言うと、チャッペルは、たいていの大人は——友人ブレナンは別にして——アルコールなどの薬物で浮世の憂さを晴らすものだといった。

これは賢明な助言か？

もちろんまっとうな助言は、チャッペルのそれの正反対だ。薬物摂取を避け、人工的に気分を変えるもの以外によって幸福になる方法を探すように助言するのが主流である。これはアルコール依存症に苦しむ少なからぬ割合の人々にとって正しい助言だ。アルコールは人々の人生を破綻させかねない危険な薬物である。

だが依存症者以外にとってはどうか？　飲むべきなのか？　もしそうなら、いつ？

つまるところ、これをめぐっては多くの経験的な疑問がある。飲酒は実際、どれほど人を幸福にするのか？　飲酒後には、数時間から数日にもわたる気分の落ち込みという代償が伴っているのか？　飲酒中の気分は、他にやっていることに左右されるのか？

| 飲酒が最も気分をアゲる活動（素面よりもほろ酔い加減の方がずっと楽しいこと） | 飲酒が最も気分をアゲない活動（素面でもほろ酔い加減でも同じほど楽しいこと） |
|---|---|
| ・移動／通勤 | ・親愛／セックス |
| ・順番待ち | ・観劇／ダンス／コンサート |
| ・睡眠／休息／リラックス | ・対話／おしゃべり／社交 |
| ・喫煙 | ・テレビ／映画鑑賞 |
| ・洗濯／身支度／身づくろい | ・読書 |

出典：Geiger and MacKerron(2016)

で酔いを醒まして楽しむのだ。

また別の例として、コンサートに出かけて帰路はウーバーで帰るとする。たいていの人はコンサート会場で何杯か引っかけ、退屈なウーバー移動の車中で酔いが醒めていく。だがデータの教えに従うなら、コンサートをしらふで愉しみ、ウーバーに乗り込む直前に数杯ほど引っかけた方が良い。コンサートはしらふでも楽しいし、ほろ酔い加減で退屈な移動を我慢するのだ。

しつこいようだがアルコールの危険は重大だ。身の破滅をまねくこともあるし、同僚と一緒に飲むのであれ、シャワーを浴びながら、また機中で酒を飲むのであれ、慎重であるべきだ。

そこで非常に重要な注意書きと共に提言したい。依存傾向がない人にとっては、アルコールは良い気晴らしになるかもしれない。そしてもともと楽しい社交やセックスの際には節酒し、退屈で苦痛な物事は気散じに一杯ひっかけながらやればいい。とはいえもちろん、この助言の履行にはごく慎重でなければならない。気分をアゲるデータに基づいた反直感的アドバイスと、アルコール依存症への道とは紙一重なのだから。

## 自然との触れ合いに十分な時間を費やさない罠

マッケロンとモウラートは、マッピネスのデータに基づいたある研究論文をこう題している――「自然環境に身を置くと幸せは増す」。

題名から察しがつくように、これは自然と触れあうと幸福が増進する[11]というものだ。幸せになりたければ、草原や山や湖で過ごす時間を増やし、地下鉄や会議室やソファ（前述したようにセックスするのなら別だ。これは人間が幸せになるために最も重要な活動である）の上で過ごす時間を減らすべし、というものである。

この主張はどこから来たのか？

自然との触れ合いと幸福との関係は、幸福活動チャートに表れている。人々を幸福にする活動上位10個の内5つ（50％）――スポーツ、ガーデニング、バードウォッチング、狩猟／釣り、ウォーキング／ハイキング――は、えてして自然環境でするものだ。もっとも人々を幸福にしない最下位活動10個のすべて（１００％）は、まず屋外ですることはない。

もちろん自然に浸ることと幸福を感じることとの相関関係は、それだけでは因果関係とは断じられない。それらの活動が屋外で行われる理由がその愉しみにより深く関わっていて活動場所が屋外であることが幸福をもたらしているわけではないかもしれないからだ。

確かに最も悲惨な活動である病気療養は、屋外でなされることはまずない。だがたいていの人

「原野」や「荒野」とは、ウィキペディアによれば「自由に排水できる不毛で酸性の土壌で……開けていて灌木に覆われている土地」らしいが、まだピンとこない。だが一応、「山岳、原野、荒野」の写真もあげておく。

さて「土地被覆」が幸福に与える影響をどう考えるべきか？　これを幸福活動チャートと照合してみよう。会議に出席すると幸福ポイントはマイナス１・５ポイント。だがそれを「海洋や沿岸部」でやればプラス４・５ポイントが期待でき、これはスポーツ観戦とおおむね同じ程度だ。つまり同じ会議でも無味乾燥な都会の会議室でやるより海沿いでやれば「うんざり」を「まあいいか」にできるのだ。大きな効果である。

自然の驚くべき特徴は、えてして美しいことだ。[12]マッピネスのデータからはやはり美に触れると、それが自然ではなくても気分を改善することがわかっている。これについてはチャニュキ・イリュシュカ・セレシンへ他が研究している。彼らはシーニックオアノット（ScenicOrNot）というサイトを立ち上げ、ボランティア参加者に英国各地の景観を格付けさせた。たとえば２６３ページの写真は「美しい」と評されたものだ。

彼らはマッピネスのデータのＧＰＳ情報を使ってユーザーが英国のどこにいるのか、そしてその場所をどの程度美しいと評したかを調べた。さらに彼らは、マッケロンとモウラートが研究対象にした全要素——活動内容、時間、一緒にいる人、天気——に加え、土地被覆もクロス分析した。こうして同じ人物が同じ時間に同じ気候で同じ土地被覆環境（たとえば「海洋や沿岸部」）

世界的に幸福な場所。
撮影者：ZoranKrstic　写真提供：Shutterstock

こんな場で過ごせば幸福度が2.71向上する。
撮影者：Israel Hervas Bengochea　写真提供：Shutterstock

にいるが、環境の美しさの度合いだけが違う場合を比較できた。

他の条件が全て同じなら、最も美しい場所にいる時は、最もそうではない場所にいる場合よりも、幸福ポイントは2・8上がった。データの教訓は明らかだ。より幸せに過ごす方法の一つは、自然や美しいと思う景色に身を浸すことだ。

こうした研究結果は、ジャープ・ド・フリース率いる別の研究班にも確認されている。彼らはマッピネス・プロジェクトを参考にハッピーハイアー[13]（HappyHier）というアプリを開発しオランダ国内で幸福度調査をした。この研究でも人は自然環境や沿岸部や湖畔にいる際が最も幸せであることが確認された。だが面白いことに、この幸福増進効果は、沿岸部の屋内でも持続することがわかった。たぶん窓から景色を見るだけで気分が晴れるのだろう。


環境が気分に与える影響について大きな疑問が一つ残っている。天気による影響だ。マッケロンとモウラートはこの点も調べている。またしても、同一人物を取り巻く他の条件が全て同じだが天気の違いによって幸福度がどれだけ違うかを調べた。

結果は順当だった。雨より晴れの方が気分はアガる（当たり前だ）。暖かい日の方が寒い日よりも幸せだ（これまた当たり前）。

だがその程度たるや驚くべきものだった。幸福に寄与する点でぽかぽか陽気が断トツだったのだ。摂氏24度以上だと平均5・13ポイントも幸福度が上乗せされる。それ以外は天気の影響は小

「美しい」と評価された場所。他の条件が同じなら、人はこんな場所にいると幸福度がぐっと増す。
撮影者：Bob Jones　写真はCreative Commons Attribution-Share Alike 2.0 Generic Licenseにより使用。詳細 は http://creativecommons.org/licenses/by-sa/2.0/

さかった。うすら寒い日より厳寒の日の方が惨めさが大きく増すわけではない。そして雨の日の気鬱の程度も暖かい日の高揚に比べればはるかに小さい。

天気という点からは、幸福度の最大化は悪天候を避けるよりもうららかな日和で過ごす日を増やす方が高まるのだ。

幸福天気チャートを、マッケロン、モウラート、マッピネス研究班による他の研究結果と比較すると、もう一つ重要な点が浮かび上がる。人の幸福度を左右する点で、えてして天気よりも他の点がより重要である[14]ことだ。

たとえば……

▼同じ外出をするのでも、気温1・6度の雨の日に友人と外出する方が、21度の晴れ

の日に１人で出かけるよりも幸福だ。
▼気温１・６度でさえ、湖畔で過ごす方が、21度の日に都会で過ごすよりも幸福だ。
▼気温１・６度でさえ、酩酊している方が、21度の日にしらふで過ごすよりも幸福だ。
▼気温１・６度の雨の日でさえ、スポーツを楽しんでいる方が、21度の日に無為に臥しているよりも幸福だ。

うららかな晴天は実に気分をアゲてくれる。とはいえ天気の重要性を買いかぶるべきではない。天気だけでは幸せにはなれない。ともに過ごしたい人々と何か楽しいことをする必要もあるのだ。

幸福天気チャート

| 天気 | 屋外で過ごす場合の幸福効果 |
|---|---|
| 雪 | 1.02 |
| 晴れ | 0.46 |
| 霧 | −1.35 |
| 雨 | −1.37 |
| 摂氏０－８度 | −0.51 |
| 摂氏８－16度 | 0.29 |
| 摂氏16－24度 | 0.99 |
| 摂氏24度以上 | 5.13 |

出典：MacKerron and Mourato（2013）

# 終章

さて、本書も総括にさしかかった。そして第8章で論じたピークエンド・ルールに倣い、良い総括をする必要がある。なにせ本書の読後感がここにかかっているのだから。そして本書を読むこと自体が大腸内視鏡検査のような苦行だったと思う読者には、少なくとも第8章の患者Bのようにして差し上げられる。終わりよければすべてよし、だ。

出会い系サイト、納税記録、ウィキペディアの記事、グーグル検索、その他のビッグデータは何を教えているのか？

私たちの認識はえてして世界の実態とはかけ離れていることだ。

データは時にまったく反直感的な洞察をもたらす。典型的な米国の金持ちは地域の飲料卸会社のオーナーであるとか、似ても似つかないカップルの行く末がより仲睦まじくなるか険悪になるかは五分五分であることなどだ。

だがデータが反・反直感的な洞察を暴露することもある。考えてみれば当たり前のことなのに、なぜか通念にはなっていないことだ。奇を衒《てら》いたがるマスコミ他の現代的な情報源がもたらす偏向した概念は、私たちの認識を大きく歪めている。

そしてこれこそ、ジョージ・マッケロン、スサーナ・モウラート他が行った人生で最も重要なことの研究――幸福の研究の最大の成果の一つだ。この画期的な現代的研究論文を読んで私は、幸福とは思ったより複雑なものではないのだなと感じた。幸せをもたらす事象――友人との交流や湖畔の散歩――は、決して大仰なことではない。

それでも現代生活は、およそ幸せはもたらさないだろうとデータ（あるいは一片の常識）が示していることをするように仕向けてくる。多くの人は意にそまない仕事を気の合わない相手とする日常に年月を浪費している。多くの人はソーシャルメディアの投稿に時間を割き過ぎている。そして多くの人は、自然との触れ合いを数か月もおろそかにしている。

マッピネス他の幸福研究の教えに従えば、つらいときには幸せになれそうなこと（たいていささやかなことだ）を十分やっているかと自問してみるべきだ。

これら幸福研究の論文を総覧したうえで、その教えを一文にまとめたいと思った。いわば「データが教える人生の教訓」である。

ビッグデータが教える人生で最も重要なことの総括は？　スマートフォンあての数百万単位の設問票送付によって初めて明かされた苦渋や実存の極意とは？　データに学ぶ人生の答えとは、つまるところいかなるものか？

データに学ぶ人生の答えとは、次のようなものだ。気温26度以上の晴れた日に、恋人と一緒に美しい水面を眺めながら、セックスをしなさい。

# 謝辞

私は読書に際して、謝辞から読み始めることが少なくない。そんなのお前だけだって？　とまれ謝辞愛好家がこの謝辞も楽しんでくれることを願っている。

何より感謝申し上げたいのは、本書に採録した研究者たちである。彼らの仕事についても、それをめぐる私の取材に応じてくれたことにも感謝している。とりわけアルバート゠ラズロ・バラバシ、ポール・イーストウィック、サミュエル・P・フライバーガー、サマンサ・ジョエル、ジョージ・マッケロン、アレクザンダー・トドロフ、ダニー・ヤガン、エリック・ツウィックに。

これら研究成果の私の解釈の中には、それを実施した当の研究者たちのそれとはいくらか異なるものもあるかもしれない。原典の研究論文は全て巻末注にあげてある。

データや逸話の収集や研究プロジェクトへの協力について、アンナ・ガット、スペンサー・グリーンバーグ、デイヴィッド・ケステンバウム、ルー・コリーナ・ラカンブラ、ビル・マロンに感謝する。

各章への意見について、コレン・アピセラ、サム・アッシャー、エスター・ダヴィドウィッツ、アマンダ・ゴードン、ネイト・ヒルガー、マキシム・マッセンコフ、オーレリー・オス、ジュリア・ルバレスカヤ、ジョン・シリングス、カティア・ソボルスキ、ジョエル・スタイン、ミッチェル・スティーヴンズ、ローレン・スティーヴンズ＝ダヴィドウィッツ、ノア・スティーヴンズ＝ダヴィドウィッツ、ローガン・ウリ、ジーン・ヤンに深謝する。

ソウラブ・チョウドリとアダム・シャピロには、友情へと発展するコンサルティングと本書完成に向けてやんわりと背中を押してくれたことに。

同じことをハーシュとセイセルの両家の人々にも。

それほど穏やかではなかったがより効果的に本書完成へと促してくれたことについてマット・ハーパーに。マットは敏腕編集者で、私の集中力を保つという誰もやりたがらない仕事を見事にやり遂げた。

一方、無数のミームと猛々しい政治談議で本書完成を妨害してくれたことを#YouAreFakeNewsに感謝する。

メルヴィス・アコスタは、ロックスターをめぐる事実確認をめぐって人間離れした細部へのこだわりを見せてくれた。これでもし何かの誤りが残っていたとすれば、おそらく彼が送ってくれた注を私が見落としたせいだ。

エリック・ラプファーは素晴らしく思慮深く創造的なエージェントである。

第2章では、両親が子供の考えに影響を及ぼせることについて記している。そして私は自分の両親は世界で最高と思っている。父さん、母さん、まさに因果関係成立だ！　そして私のキャリアをめぐってどれだけ両親が助けてくれたかという点でも、ウチは例外的だと思う。

第9章では、総じていうと家族と共に過ごすことはあまり幸せをもたらさないと記した。だがもし私がマッピネス他の幸福測定アプリを使っていたなら、ノア、ローレン、マーク、ジョナ、サーシャ、その他スティーヴンズ゠ダヴィドウィッツ゠オズモンド゠フライマン゠ワイルド゠スクレアー一族と共に過ごしている時の幸福度はダダ上がりであるはずだ。

そしてもし私が過去10年間、マッピネスに参加していたとしたら、世界最高のセラピストであるリック・ルーベンスと出会ってから気分が劇的に回復したことがわかっただろう。リック、私を鬱から救ってくれて本当にありがとう。

ジュリア、すべてについて感謝に堪えない。僕が温かい気持ちを表に出すのが苦手なことは知っているだろうが、それでもどれほど愛しているか、わかってくれているはずだ。

# 補遺

次に掲げる表は、スペンサー・グリーンバーグと私が調査した諸活動ごとの予想幸福度と、ブライソンとマッケロンによる研究の実測データの順位の対照表である。正の差のある活動、たとえば「展覧会／博物館／図書館」は、思った以上に幸せをもたらすものと言える。逆に、負の差のある活動、たとえば「睡眠／休息／リラックス」は、予想に反してあまり幸せをもたらさないものと言える。

| 活動 | 予想幸福度順位 | 実際の幸福度順位 | 差 |
|---|---|---|---|
| 親愛／セックス | 1 | 1 | 0 |
| ペットの世話／ペットと遊ぶ | 2 | 15 | −13 |
| 趣味／美術／工芸 | 3 | 11 | −8 |
| 対話／おしゃべり／社交 | 4 | 7 | −3 |
| 観劇／ダンス／コンサート | 5 | 2 | 3 |
| 歌う／演じる | 6 | 6 | 0 |
| 睡眠／休息／リラックス | 7 | 27 | −20 |
| 試合／スポーツ観戦 | 8 | 13 | −5 |
| PC／スマホゲーム | 9 | 20 | −11 |
| テレビ／映画鑑賞 | 10 | 19 | −9 |
| バードウォッチング／自然ウォッチング | 11 | 8 | 3 |
| 食事／軽食 | 12 | 21 | −9 |
| ゲーム／パズル | 13 | 16 | −3 |
| 狩猟／釣り | 14 | 9 | 5 |
| ガーデニング | 15 | 5 | 10 |
| スポーツ／ランニング／運動 | 16 | 4 | 12 |
| 育児／子供と遊ぶ | 17 | 14 | 3 |
| 瞑想／宗教活動 | 18 | 12 | 6 |
| 読書 | 19 | 24 | −5 |
| 展覧会／博物館／図書館 | 20 | 3 | 17 |
| 喫茶（コーヒー／紅茶） | 21 | 23 | −2 |
| ネットサーフィン | 22 | 29 | −7 |
| 飲酒 | 23 | 10 | 13 |
| 料理／仕込み | 24 | 22 | 2 |
| メール／ソーシャルメディア | 25 | 30 | −5 |
| 講演やポッドキャストを聴く | 26 | 25 | −1 |
| ギャンブル／賭け事 | 27 | 18 | 9 |
| 移動／通勤 | 28 | 32 | −4 |
| 買い物／雑用 | 29 | 17 | 12 |
| 成人の介護 | 30 | 36 | −6 |
| 洗濯／身支度／身づくろい | 31 | 26 | 5 |
| 喫煙 | 32 | 28 | 4 |
| 仕事／勉強 | 33 | 37 | −4 |
| 会議／セミナー／講義 | 34 | 33 | 1 |
| 総務／財務／管理 | 35 | 34 | 1 |
| 家事／DIY | 36 | 31 | 5 |
| 順番待ち | 37 | 35 | 2 |
| 病気療養 | 38 | 38 | 0 |

*Journal of Personality and Social Psychology* 75（3）（1998）: 617–38.
2 "What is it like to be denied tenure as a professor?," *Quora*, https://www.quora.com/What-is-it-like-to-be-denied-tenure-as-a-professor .
3 Donald A. Redelmeier and Daniel Kahneman, "Patients' memories of painful medical treatments: Real-time and retrospective evaluations of two minimally invasive procedures," *Pain* 66（1）（1996）: 3–8.

## 第9章　人を惨めにする現代生活

1 Erik Brynjolfsson, Avinash Collis, and Felix Eggers, "Using massive online choice experiments to measure changes in well-being," *PNAS* 116（15）（2019）: 7250–55.
2 GSSのデータは次を参照。https://gssdataexplorer.norc.org/trends/Gender%20&%20Marriage?measure=happy.
3 Matthew A. Killingsworth, "Experienced well-being rises with income, even above $75,000 per year," *PNAS* 118（4）（2021）.
4 Xianglong Zeng et al., "The effect of loving-kindness meditation on positive emotions: A meta-analytic review," *Frontiers in Psychology* 6（2015）: 1693.
5 Alex Bryson and George MacKerron, "Are you happy while you work?" *Economic Journal* 127（599）（2016）: 106–25.
6 Hunt Allcott et al., "The welfare effects of social media," *American Economic Review* 110（3）（2020）: 629–76.
7 Peter Dolton and George MacKerron, "Is football a matter of life or death—or is it more important than that?," National Institute of Economic and Social Research Discussion Papers 493, 2018.
8 Sean Deveney, "Andrew Yang brings his hoop game, 2020 campaign to A.N.H. gym for new series,"https://www.forbes.com/sites/seandeveney/2019/10/14/andrew-yang-2020-campaign-new-hampshire-luke-bonner/?sh=73927bbf1e47.
9 "Comedians Tackling Depression & Anxiety Makes Us Feel Seen," YouTube, uploaded by Participant, https://www.youtube.com/watch?v=TBV-7_qGlr4&t=691s.
10 Ben Baumberg Geiger and George MacKerron, "Can alcohol make you happy? A subjective wellbeing approach," *Social Science & Medicine* 156（2016）: 184–91.
11 George MacKerron and Susana Mourato,"Happiness is greater in natural environments," *Global Environmental Change* 23（5）（2013）: 992–1000.
12 Chanuki Illushka Seresinhe et al., "Happiness is greater in more scenic locations," *Scientific Reports* 9（2019）: 4498.
13 Sjerp de Vries et al., "In which natural environments are people happiest? Large-scale experience sampling in the Netherlands," *Landscape and Urban Planning* 205（2021）.
14 幸福度をめぐるすべての比較は、著者計算による。データの出典は以下のサイトのTable2.を参照。https://eprints.lse.ac.uk/49376/1/Mourato_Happiness_greater_natural_2013.pdf.

https://www.bbc.com/culture/article/20210819-where-is-the-worlds-most-expensive-painting.
11 Fraiberger et al., "Quantifying reputation and success in art."
12 データベース中の展示スケジュールはサミュエル・P・フライバーガーの厚意によって提供されたもの。
13 "The Promised Land (Introduction Part 1) (Springsteen on Broadway - Official Audio) ," YouTube, uploaded by Bruce Springsteen, December 14, 2018, https://www.youtube.com/watch?v=omuusrmb6jo&list=PL9tY0BWXOZFs9l_PMss5AB8SD38lFBLwp&index=12.
14 Dean Keith Simonton, "Creativity as blind variation and selective retention: Is the creative process Darwinian?," *Psychological Inquiry* 10 (1999) : 309–28.
15 *No Direction Home*, directed by Martin Scorsese, Paramount Pictures, 2005.
16 Aaron Kozbelt, "A quantitative analysis of Beethoven as self-critic: Implications for psychological theories of musical creativity," *Psychology of Music* 35 (2007) : 144–68.
17 Louis Masur, "*Tramps Like Us*: The birth of *Born to Run*," *Slate*, September 2009, https://slate.com/culture/2009/09/born-to-run-the-groundbreaking-springsteen-album-almost-didnt-get-released.html.
18 Elizabeth E. Bruch and M. E. J. Newman, "Aspirational pursuit of mates in online dating markets," *Science Advances* 4 (8) (2018).
19 Derek A. Kraeger et al., "'Where have all the good men gone?' Gendered interactions in online dating," *Journal of Marriage and Family* 76 (2) (2014) : 387–410.
20 Kevin Poulsen, "How a math genius hacked OkCupid to find true love," *Wired*, January 21, 2014. McKinlay tells the story in his book *Optimal Cupid: Mastering the Hidden Logic of OkCupid* (CreateSpace Independent Publishing Platform, 2014).
21 Jason D. Fernandes et al., "Research culture: A survey-based analysis of the academic job market," *eLife Sciences*, June 12, 2020.

## 第７章　オタク流イメチェンの方法

1 Alexander Todorov, *Face Value* (Princeton, NJ: Princeton University Press, 2017). トドロフには2019年５月７日にインタビューもした。
2 Alexander Todorov et al., "Inferences of competence from faces predict election outcomes," *Science* 308 (5728) (2005) : 1623–26.
3 Ulrich Mueller and Allan Mazur, "Facial dominance of West Point cadets as a predictor of later military rank," *Social Forces* 74 (3) (1996) : 823–50.
4 Alexander Todorov and Jenny M. Porter, "Misleading first impressions: Different for different facial images of the same person," *Psychological Science* 25 (7) (2014) : 1404–17.

## 第８章　ソファから立ち上がって人生を変える魔法

1 Dan Gilbert et al., "Immune neglect: A source of durability bias in affective forecasting,"

"Founders of successful tech companies are mostly middle-aged," *New York Times*, September 1, 2019.

2 *The Tim Ferriss Show* #403, "Tony Fadell–On Building the iPod, iPhone, Nest, and a Life of Curiosity," December 23, 2019.

3 Corinne Purtill, "The success of whiz kid entrepreneurs is a myth," *Quartz*, April 24, 2018.

4 Lawrence R. Samuel, "Young people are just smarter," *Psychology Today*, October 2, 2017.

5 "Surge in teenagers setting up businesses, study suggests," https://www.bbc.com/news/newsbeat-50938854.

6 Carina Chocano, "Suzy Batiz' empire of odor," *New Yorker*, November 4, 2019; Liz McNeil, "How Poo-Pourri founder Suzy Batiz turned stinky bathrooms into a $240 million empire," *People*, July 9, 2020.

7 David J. Epstein, *Range*（New York: Penguin, 2019）.

8 Paul Graham, "The power of the marginal," paulgraham.com, http://www.paulgraham.com/marginal.html.

9 Joshua Kjerulf Dubrow and Jimi Adams, "Hoop inequalities: Race, class and family structure background and the odds of playing in the National Basketball Association," *International Review for the Sociology of Sport* 45（3）: 251–57; Seth Stephens–Davidowitz, "In the N.B.A., ZIP code matters," *New York Times*, November 3, 2013.

10 Seth Stephens-Davidowitz, "Why are you laughing?" *New York Times*, May 15, 2016.

11 Matt Brown, Jonathan Wai, and Christopher Chabris, "Can you ever be too smart for your own good? Comparing linear and nonlinear effects of cognitive ability on life outcomes," PsyArXiv Preprints, January 30, 2020.

## 第６章　運を味方につける

1 エアビーアンドビーについては様々に報道がなされており、次はその一つ。Leigh Gallagher, *The Airbnb Story: How Three Ordinary Guys Disrupted an Industry, Made Billions ... and Created Plenty of Controversy*（New York: HMH Books, 2017）.

2 Tad Friend, "Sam Altman's manifest destiny," *New Yorker*, October 3, 2016.

3 Jim Collins, *Great by Choice*（*Good to Great*）（New York: Harper Business, 2011）.

4 Corrie Driebusch, Maureen Farrell, and Cara Lombardo, "Airbnb plans to file for IPO in August," *Wall Street Journal*, August 12, 2020.

5 Bobby Allyn and Avie Schneider, "Airbnb now a $100 Billion company after stock market debut sees stock price double," *NPR*, December 10, 2020.

6 Albert-Làszló Barabási, *The Formula*（New York: Little, Brown, 2018）.

7 Gene Weingarten, "Pearls Before Breakfast: Can one of the nation's great musicians cut through the fog of a D.C. rush hour? Let's find out," *Washington Post*, April 8, 2007.

8 R. A. Scotti, *Vanished Smile*（New York: Vintage, 2009）.

9 https://www.beervanablog.com/beervana/2017/11/16/the-da-vinci-effect.

10 Caryn James, "Where is the world's most expensive painting?," BBC.com, August 19,2021,

victims in childhood," *Journal of Child Psychology and Psychiatry* 49（1）（2008）: 104–12.
8 Irene Pappa et al., "A genome-wide approach to children's aggressive behavior," *American Journal of Medical Genetics* 171（5）（2016）: 562–72.
9 どの双子が一卵性かについての情報はニュース記事に拠る。スティーブンとジョーイのグレアム兄弟が一卵性か二卵性かについては諸説ある。カールとチャールズ・トーマスについても一卵性か二卵性かの情報はなかった。だがチャールズは私のリンクトイン経由の問い合わせに一卵性だと答えてくれた。チャールズ、ありがとう！
10 この数字はもちろん単年のものである。だが任意の年の米国の出生数とその年に米国で生まれたNBA選手の数を比較すれば計算できる。例えば1990年には、米国の出生数はおよそ420万人で、そのざっと半数が男児だった。1990年に米国で生まれて後にNBA選手になったのは64人である。
11 このコードは私のウェブサイトsethsd.comの"Twins Simulation Model."の項目で参照できる。
12 Jeremy Woo, "The NBA draft guidelines for scouting twins," Sports Illustrated, March 21, 2018.
13 オリンピック出場選手についての推計は全てウィキペディアによる。

## 第4章　アメリカの知られざる金持ちとは？

1 Katherine Long, "Seattle man's frugal life leaves rich legacy for 3 institutions," *Seattle Times*, November 26, 2013.
2 Rachel Deloache Williams, "My bright-lights misadventure with a magician of Manhattan," *Vanity Fair*, April 13, 2018.
3 Steve Berkowitz, "Stanford football coach David Shaw credited with more than $8.9 million in pay for 2019," *USA Today*, August 4, 2021.
4 Nick Maggiulli（@dollarsanddata）「史上最も豊かなNFL選手は誰か知っているか？（トム・）ブレイディでも（ペイトン・）マニングでも（ジョン・）マッデンでもない。ジェリー・リチャードソンだ。聞いたことないって？　私もない。だが彼は、NFLでのプレーではなくハーディーズのフランチャイズ店経営で財を成した。オーナーになれ。それとして発想せよ」February 8, 2021, 12:30 p.m., tweet.
5 Tian Luo and Philip B. Stark, "Only the bad die young: Restaurant mortality in the Western US," arXiv: 1410.8603, October 31, 2014.
6 この表の出典はSmith, Yagan, Zidar, and Zwick, "Capitalists in the Twenty–First Century." のonline appendixによる。とりわけ次のサイトのTable J.3による。http://www.ericzwick.com/capitalists/capitalists_appendix.pdf. エリック・ツウィックに指摘を感謝する。
7 これはＳ法人やパートナーシップのリッチなオーナーを含んでいる。

## 第5章　成功への長く退屈な苦闘

1 ファデルについては、次を含むあちこちで触れられている。Seema Jayachandran,

18　"Acceptance Speech | Senator Bob Dole | 1996 Republican National Convention," YouTube, uploaded by Republican National Convention, March 25, 2016, https://www.youtube.com/watch?v=rYft9qxoLSo.

19　Seth Stephens-Davidowitz, "The geography of fame," *New York Times*, March 13, 2014.

20　子供の頃に居住した大都市と生育の成功の因果関係については次を参照。http://www.equality-of-opportunity.org/neighborhoods/.

21　Raj Chetty et al., "The Opportunity Atlas: Mapping the childhood roots of social mobility," NBER Working Paper 25147, October 2018.

22　この研究では、国勢調査データで収入の中央値が標準偏差で1上がれば世帯収入は21%上がるとされ、この効果の62%は生育した界隈の影響としている。

23　親が子供の将来収入に及ぼす影響の標準偏差が子供の生育地による影響の2倍であるとするなら、親が子供の将来収入に与える影響全般の平方偏差は地域による影響の4倍になる。

24　成育した地区・界隈と社会的上昇性のTract-Level Correlationsは、Chetty et al.（2018）のOnline AppendixのFigure VとFigure IIに示されている。ここには生徒／教師の人数比や学校が生徒にかけている費用は含まれていない。それらの出典はRaj Chetty and Nathaniel Hendren, "The impacts of neighborhoods on intergenerational mobility II: county-level estimates," *Quarterly Journal of Economics* 133（3）: 1163–28 の Tables A.12およびTable A.14である。

25　Alex Bell et al., "Who becomes an inventor in America? The importance of exposure to innovation," *Quarterly Journal of Economics* 134（2）（2019）: 647–713.

26　Raj Chetty et al., "Race and economic opportunity in the United States: An intergenerational perspective," *Quarterly Journal of Economics* 135（2）（2019）: 711–83.

## 第3章　才能がなくてもスポーツ選手として成功するには？

1　David Epstein, "Are athletes really getting faster, better, stronger?" TED2014, https://www.ted.com/talks/david_epstein_are_athletes_really_getting_faster_better_stronger/transcript?language=en#t-603684.

2　オロークの逸話は下記を参照。Jason Notte, "Here are the best sports for a college scholarship," *Marketwatch.com*, November 7, 2018.

3　Christiaan Monden et al., "Twin Peaks: more twinning in humans than ever before," *Human Reproduction* 36（6）（2021）: 1666–73.

4　ツインズバーグについては様々に触れられているが、一例はBrandon Griggs, "Seeing double for science," *CNN*, August 2017.

5　David Cesarini et al., "Heritability of cooperative behavior in the trust came," *PNAS* 105（10）（2008）: 3721–26.

6　Paul M. Wise et al., "Twin study of the heritability of recognition thresholds for sour and salty tastes," *Chemical Senses* 32（8）（2007）: 749–54.

7　Harriet A. Ball et al., "Genetic and environmental influences on victims, bullies and bully-

2019.
4 Wendy Thomas Russell, "Column: Why you should never use timeouts on your kids," *PBS NewsHour*, April 28, 2016.
5 Rebecca Dube, "Exhausted new mom's hilarious take on 'expert' sleep advice goes viral," *Today*, April 23, 2013, https://www.today.com/moms/exhausted-new-moms-hilarious-take-expert-sleep-advice-goes-viral-6C9559908.
6 年収はいずれもメジアン（中央値）で、米国労働省労働統計局『オキュペーショナル・アウトルック・ハンドブック』による。以下で参照できる。https://www.bls.gov/ooh/
7 「男の子がダンス教室（バレエ他）に入るのは結構だ。でもそれは『女の子の習い事』として苛められるのがオチだ。それにゲイになってしまうかもしれない。僕がそんなことをやりたがるはずもなかった」*Quora*, https://www.quora.com/I-want-to-enroll-a-boy-in-dance-class-ballet-etc-but-I-fear-he-could-be-bullied-because-its-a-"girl-thing-and-also-that-he-might-become-gay-What-should-I-do.
8 この兄弟については様々な所で議論されているが、次はその一例である。Edwin Chen, "Twins reared apart: A living lab," *New York Times*, December 9, 1979.
9 Steve Lohr, "Creating Jobs: Apple's founder goes home again," *New York Times Magazine*, January 12, 1997.
10 ホルト夫妻の物語については次を参照。https://www.holtinternational.org/pas/adoptee/korea-2-adoptees/background-historical-information-korea-all/.
11 Bruce Sacerdote, "How large are the effects from changes in family environment? A study of Korean American adoptees," *The Quarterly Journal of Economics* 122（1）（2007）: 119–57.
12 Andrew Prokop, "As Trump takes aim at affirmative action, let's remember how Jared Kushner got into Harvard," *Vox*, July 6, 2018, https://www.vox.com/policy-and-politics/2017/8/2/16084226/jared-kushner-harvard-affirmative-action.
13 Michael S. Kramer et al., "Effects of prolonged and exclusive breastfeeding on child height, weight, adiposity, and blood pressure at age 6.5 y: Evidence from a large randomized trial," *American Journal of Clinical Nutrition* 86（6）（2007）: 1717–21.
14 Matthew Gentzkow and Jesse M. Shapiro, "Preschool television viewing and adolescent test scores: Historical evidence from the Coleman Study," *Quarterly Journal of Economics* 123（1）（2008）: 279–323.
15 John Jerrim et al., "Does teaching children how to play cognitively demanding games improve their educational attainment? Evidence from a randomized controlled trial of chess instruction in England," *Journal of Human Resources* 53（4）（2018）: 993–1021.
16 Hilde Lowell Gunnerud et al., "Is bilingualism related to a cognitive advantage in children? A systematic review and meta-analysis," *Psychological Bulletin* 146（12）（2020）: 1059.
17 Jan Burkhardt and Cathy Brennan, "The effects of recreational dance interventions on the health and well-being of children and young people: A systematic review," *Arts & Health* 4（2）（2012）: 148–61.

to predict synchronization and similarity in dating preferences," *Frontiers in Psychology* 10 (2019).
10 "What are single women's biggest complaints about online dating sites?" *Quora*, https://www.quora.com/What-are-single-womens-biggest-complaints-about-online-dating-sites; https://www.quora.com/What-disappointments-do-men-have-with-online-dating-sites.
11 Harold T. Christensen, "Student views on mate selection," *Marriage and Family Living* 9 (4) (1947) : 85–88.
12 Günter J. Hitsch, Ali Hortaçsu, and Dan Ariely, "What makes you click?—Mate preferences in online dating," *Quantitative Marketing and Economics* 8 (4) (2010) : 393–427. See Table 5.2.
13 同上。
14 https://www.gwern.net/docs/psychology/okcupid/howyourraceaffectsthemessagesyouget.html.
15 Hitsch, Hortaçsu, and Ariely, "What makes you click?"
16 同上。
17 この研究成果は『デイリー・メール』紙で議論されている。"Why Kevins don't get girlfriends: Potential partners less likely to click on 'unattractive names' on dating websites," DailyMail.com, January 2, 2012, https://www.dailymail.co.uk/news/article-2081166/Potential-partners-likely-click-unattractive-names-dating-websites.html. 原典の学術的研究はJochen E. Gebauer, Mark R. Leary, and Wiebke Neberich, "Unfortunate first names: Effects of namebased relational devaluation and interpersonal neglect," *Social Psychological and Personality Science* 3 (5) (2012) : 590–96.
18 Emma Pierson, "In the end, people may really just want to date themselves," *FiveThirtyEight*, April 9, 2014, https://fivethirtyeight.com/features/in-the-end-people-may-really-just-want-to-date-themselves/.
19 Levy, Markell, and Cerf, "Polar Similars."
20 様々な変数ごとの恋愛関係の成功予測率についてはTables 3, S4, and S5 of Joel et al., (2020) を参照。
21 Alex Speier, "The transformation of Kevin Youkilis," *WEEI*, March 18, 2009.
22 Paul W. Eastwick and Lucy L. Hunt, "Relational mate value: consensus and uniqueness in romantic evaluations," *Journal of Personality and Social Psychology* 106 (5) (2014) : 728.

## 第2章　良き子育ての秘訣

1 Nehal Aggarwal, "Parents make 1,750 tough decisions in baby's first year, survey says," *The Bump*, July 9, 2020, https://www.thebump.com/news/tough-parenting-decisions-first-year-baby-life.
2 Allison Sadlier, "Americans with kids say this is the most difficult age to parent," *New York Post*, April 7, 2020.
3 Jessica Grose, "How to discipline without yelling or spanking," *New York Times*, April 2,

explore?date=all&q=my%20penis%20is%205%20inches,my%20penis%20is%204%20inches,my%20penis%20is%203%20inches,my%20penis%20is%206%20inches,my%20penis%20is%207%20inches.
16 Ariana Orwell, Ethan Kross, and Susan A. Gelman, "'You' speaks to me: Effects of generic-you in creating resonance between people and ideas," *PNAS* 117（49）（2020）: 31038–45.
17 https://en.wikipedia .org/wiki/List_of_best-selling_books.
18 Matthew Smith, Danny Yagan, Owen Zidar, and Eric Zwick, "Capitalists in the Twenty-First Century," *Quarterly Journal of Economics* 134（4）（2019）: 1675–1745.
19 Pierre Azoulay, Benjamin F. Jones, J. Daniel Kim, and Javier Miranda, "Age and High-Growth Entrepreneurship," *American Economic Review* 2（1）（2020）: 65–82.
20 同上。
21 同上。
22 同上。
23 Yuval Noah Harari, *Homo Deus: A Brief History of Tomorrow*（New York: Random House, 2016）.
24 "Yuval Noah Harari. Organisms Are Algorithms. Body Is Calculator. Answer = Sensation~Feeling~Vedan?," YouTube, uploaded by Rashid Kapadia, June 13, 2020, https://www.youtube.com/watch?v=GrQ7nY-vevY.
25 Daniel Kahneman, *Thinking, Fast and Slow*（New York: Farrar, Straus & Giroux, 2011）.

## 第１章　幸福な結婚のためのデータ科学

1 https://www.wesmoss.com/news/why-who-you-marry-is-the-most-important-decision-you-make/.
2 Harry T. Reis, "Steps toward the ripening of relationship science," *Personal Relationships* 14（2007）: 1–23.
3 Samantha Joel et al., "Machine learning uncovers the most robust self-report predictors of relationship quality across 43 longitudinal couples studies," *PNAS* 117（32）: 19061–71.
4 彼らが調べた変数は以下で閲覧できる。https://osf.io/8fzku/. The relevant file is Master Codebook With Theoretical Categorization, Final.xlsx, which is found in the section "Master Codebook with Theoretical Categorization."このファイルの教示をジョエルに感謝する。
5 https://www.psychology.uwo.ca/pdfs/cvs/Joel.pdf.
6 私はジョエルに2020年９月24日、ズームを通じてリモート取材した。
7 Ed Newton-Rex, "59 impressive things artificial intelligence can do today," *Business Insider*, May 7, 2017, https://www.businessinsider.com/artificial-intelligence-ai-most-impressive-achievements-2017-3#security-5.
8 Bernard Marr, "13 mind-blowing things artificial intelligence can already do today," *Forbes*, November 11, 2019, https://www.forbes.com/sites/bernardmarr/2019/11/11/13-mind-blowing-things-artificial-intelligence-can-already-do-today/#4736a3c76502.
9 Jon Levy, David Markell, and Moran Cerf, "Polar Similars: Using massive mobile dating data

# 注

## 序章　データオタクの自己啓発

1 Christian Rudder, *Dataclysm: Who We Are*（*When We Think No One's Looking*）（New York: Broadway Books, 2014）.

2 Samuel P. Fraiberger et al., "Quantifying reputation and success in art," *Science* 362（6416）（2018）: 825–29.

3 Michael Lewis, *Moneyball: The Art of Winning an Unfair Game*（New York: Norton, 2004）.

4 Jared Diamond, "How to succeed in baseball without spending money," *Wall Street Journal*, October 1, 2019.

5 Ben Dowsett, "How shot-tracking is changing the way basketball players fix their game," *FiveThirtyEight*, August 16, 2021, https://fivethirtyeight.com/features/how-shot-tracking-is-changing-the-way-basketball-players-fix-their-game/.

6 Douglas Bowman, "Goodbye, Google," https://stopdesign.com/archive/2009/03/20/goodbye-google.html, March 20, 2009.

7 Alex Horn,"Why Google has 200m reasons to put engineers over designers," *Guardian*, February 5, 2014.

8 "Are we better off with the internet?" YouTube, uploaded by the Aspen Institute, July 1, 2012, https://www.youtube.com/watch?v=djVrLNaFvIo.

9 Gregory Zuckerman, *The Man Who Solved the Market*（New York: Penguin, 2019）.

10 Amy Whyte, "Famed Medallion fund 'stretches ... explanation to the limit,'professor claims," *Institutional Investor*, January 26, 2020, https://www.institutionalinvestor .com/article/b1k2fymby99nj0/Famed-Medallion-Fund-Stretches-Explanation-to-the-Limit-Professor-Claims.

11 マッピネスについてのさらなる詳細はhttp://www.mappiness.org.ukを参照されたい。

12 Rob Arthur and Ben Lindbergh, "Yes, the infield shift works. Probably," June 30, 2016, https://fivethirtyeight.com/features/yes-the-infield-shift-works-probably/.

13 Daniel H. Pink, *To Sell Is Human*（New York: Penguin, 2012）.

14 Neeraj Bharadwaj et al., "EXPRESS: A New Livestream Retail Analytics Framework to Assess the Sales Impact of Emotional Displays," *Journal of Marketing*, September 30, 2021.

15 自己申告ペニスサイズ検索のデータはここに。https://trends.google.com/trends/

# 人生《じんせい》の一大事《いちだいじ》はデータ科学《かがく》にまかせろ！

## 直感《ちょっかん》や思《おも》い込《こ》みに惑《まど》わされず、正《ただ》しく決断《けつだん》する方法《ほうほう》

2023年 9 月 30日　初版1刷発行

著者 ———— セス・スティーヴンズ＝ダヴィドウィッツ
訳者 ———— 酒井泰介《さかいたいすけ》
カバーデザイン ———— TYPEFACE
発行者 ———— 三宅貴久
組版 ———— 新藤慶昌堂
印刷所 ———— 新藤慶昌堂
製本所 ———— ナショナル製本
発行所 ———— 株式会社光文社
〒112-8011　東京都文京区音羽1-16-6
電話 ———— 翻訳編集部 03-5395-8162
書籍販売部 03-5395-8116
業務部 03-5395-8125

落丁本·乱丁本は業務部へご連絡くだされば、お取り替えいたします。


ISBN978-4-334-10064-3 Printed in Japan

■好評既刊

デイヴィッド・サンプター 著　千葉敏生 訳

# 世界を支配する人々だけが知っている10の方程式

## 成功と権力を手にするための数学講座

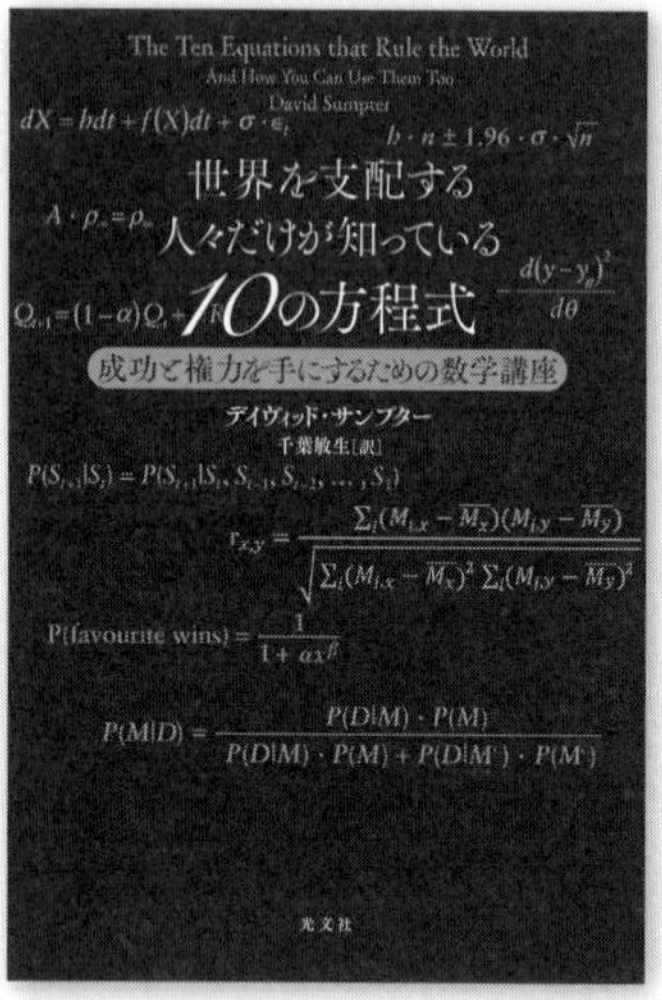


四六判・ソフトカバー

**他の人々を出し抜き、**
**利益を独占している秘密結社とは？**

冷静に合理的な意思決定を下す、誰かのスキルを正確に測定する、ギャンブルに勝利する、人の影響力を査定する、市場での優位を確保し続ける、ＹｏｕＴｕｂｅに次に表示される動画を決める……現代社会を記述している10の数式を紹介しつつ、それを理解して人生に活用する方法を、人気数学者がユーモラスに解説。